教育相談の理論と方法

会沢信彦 **編著**
edited by....... AIZAWA, Nobuhiko

EDUCATIONAL

THEORY AND PRACTICE

COUNSELING

北樹出版

は じ め に

　教育相談は、生徒指導とともに学校教育を支える重要な役割を担っています。したがって、教職課程を有するすべての大学で、「教育相談（カウンセリングに関する基礎的な知識を含む。）の理論及び方法」に関する科目が設けられているはずです。

　ところで、近年、教職課程を置く各大学には、教職課程の質保証が強く求められています。運転免許が実際に自動車を運転する知識や技術を持っていることを保証するものであるように、教員免許を、実際に教壇に立って教師としての仕事ができるための資質能力を保証するライセンスにしようという動きです。換言すれば、免許だけは持っているが教師としての仕事ができない「ペーパーティーチャー」は認めないということです。

　そのための重要な方策として、文部科学省は2019（平成29）年11月に「教職課程コアカリキュラム」を発表しました。教職課程コアカリキュラムの在り方に関する検討会によれば、教職課程コアカリキュラムとは、「教育職員免許法及び同施行規則に基づき全国すべての大学の教職課程で共通的に修得すべき資質能力を示すもの」です。「教育相談（カウンセリングに関する基礎的な知識を含む。）の理論及び方法」に関しても、4ページのようなコアカリキュラムが定められています。

　本書は、コアカリキュラムを網羅した、「教育相談（カウンセリングに関する基礎的な知識を含む。）の理論及び方法」のテキストです。学生の皆さんは、本書に沿って学ぶことで、学校における教育相談の基礎・基本を理解することができます。また、授業を担当される先生には、本書を活用していただくことで、教育相談に関する最低限の資質・能力を学生に身につけさせることができます。

　お忙しい中ご執筆いただいた著者の先生方、および短期間に精力的に編集作業に携わっていただいた北樹出版の福田千晶編集部長に感謝申し上げます。

編者　会沢信彦

教育相談（カウンセリングに関する基礎的な知識を含む。）の理論及び方法

全体目標：教育相談は、幼児、児童及び生徒が自己理解を深めたり好ましい人間関係を築いたりしながら、集団の中で適応的に生活する力を育み、個性の伸長や人格の成長を支援する教育活動である。

　　　　幼児、児童及び生徒の発達の状況に即しつつ、個々の心理的特質や教育的課題を適切に捉え、支援するために必要な基礎的知識（カウンセリングの意義、理論や技法に関する基礎的知識を含む）を身に付ける。

⑴教育相談の意義と理論

一般目標：学校における教育相談の意義と理論を理解する。

到達目標：１）学校における教育相談の意義と課題を理解している。

　　　　　２）教育相談に関わる心理学の基礎的な理論・概念を理解している。

⑵教育相談の方法

一般目標：教育相談を進める際に必要な基礎的知識（カウンセリングに関する基礎的事柄を含む）を理解する。

到達目標：１）幼児、児童及び生徒の不適応や問題行動の意味並びに幼児、児童及び生徒の発するシグナルに気づき把握する方法を理解している。

　　　　　２）学校教育におけるカウンセリングマインドの必要性を理解している。

　　　　　３）受容・傾聴・共感的理解等のカウンセリングの基礎的な姿勢や技法を理解している。

⑶教育相談の展開

一般目標：教育相談の具体的な進め方やそのポイント、組織的な取組みや連携の必要性を理解する。

到達目標：１）職種や校務分掌に応じて、幼児、児童及び生徒並びに保護者に対する教育相談を行う際の目標の立て方や進め方を例示することができる。

　　　　　２）いじめ、不登校・不登園、虐待、非行等の課題に対する、幼児、児童及び生徒の発達段階や発達課題に応じた教育相談の進め方を理解している。

　　　　　３）教育相談の計画の作成や必要な校内体制の整備など、組織的な取組みの必要性を理解している。

　　　　　４）地域の医療・福祉・心理等の専門機関との連携の意義や必要性を理解している。

（文部科学省，2019）

目　　次

コア
カリキュラム
対応の

教育相談の
理論と方法

EDUCATIONAL

THEORY AND PRACTICE

COUNSELING

学校における教育相談の意義と課題

> 　教育相談とは、教職課程においては必修科目とされ、またどの学校でも校務分掌に置かれている学校教育の重要な領域の１つでありながら、学習指導要領に詳しい記載のある教科等と異なり、理解されにくい分野であるといえます。本章では、『生徒指導提要』の記述を手がかりとして、学校教育における教育相談の意義と役割を明らかにします。
> 　一方、近年では「チーム学校」が新しい学校の姿として取りざたされるとともに、教師の資質能力向上が声高に叫ばれています。筆者は、教育相談はこのどちらにも貢献すると考えています。すなわち、教育相談を学び、実践することが、「チーム学校」時代における教師力を高めることに直結すると考えているのです。教育相談の理解を深めることで、コミュニケーション力が高まるとともに教師の自己理解が深まるからです。

第１節　教育相談とは

（１）教育相談の特徴

　ほとんどの学校には、校務分掌として「**教育相談係（部）**」が置かれ、教育相談主任をはじめ、教育相談担当の教員が置かれています。このように、学校教育のなかで教育相談は欠かせない存在ですが、一方で「教育相談とは何か」と正面から問われると、明確に説明するのが難しいのもまた教育相談という分野です。

　『**生徒指導提要**』（文部科学省, 2010）によれば、**教育相談**とは、「児童生徒それぞれの発達に即して、好ましい人間関係を育て、生活によく適応させ、自己理解を深めさせ、人格の成長への援助を図るもの」とされています。

この定義をふまえると、教育相談は以下の5つの特徴をもった活動であるといえるでしょう。

①児童生徒それぞれの発達に即していること

学校教育の対象は、日々成長・発達している児童生徒であり、学校教育全体が「発達に即して」行われなければならないことは言うまでもありません。そのなかでも、とりわけ教育相談は、子供たち一人ひとりの発達を理解するとともに、それを促進する活動であるといえるでしょう。

②好ましい人間関係を育てること

望ましい学校教育の基礎には、教師と児童生徒、そして児童生徒同士の信頼関係がなければなりません。学校のなかにこのような信頼関係の前提としての「好ましい人間関係」を築くことは、教育相談の重要な役割であるといえます。

③生活によく適応させること

多くの教育関係者がイメージする教育相談の目的は、不登校をはじめとする学校生活に適応できない児童生徒への支援であると思われます。「生活によく適応させ」ることは、従来もこれからも教育相談の大切な役割です。

④自己理解を深めさせること

自己理解が深まることは、発達の重要なプロセスです。また、児童生徒が自己理解と他者理解を深めることは「好ましい人間関係を育て」、「生活によく適応させ」るために欠かせない前提であるといえます。

⑤人格の成長への援助を図ること

教育基本法第1条にあるように、教育の目的は「人格の完成を目指」すことであることを鑑みると、「人格の成長への援助」は、学校教育全体の目的といっても過言ではありません。教育相談の究極の目的は、①〜④を通して、児童生徒の人格の成長そのものを促すことであるということができます。したがって、教育相談は、「決して特定の教員だけが行う性質のもの」でも、「相談室だけで行われるもの」でもない（文部科学省, 2010）ということになります。

ところで、教育相談の中心は**カウンセリング**です。國分（1979）は、カウンセリングを「言語的および非言語的コミュニケーションを通して行動の変容を

試みる人間関係」と定義しています。したがって、学校教育のなかで、コミュニケーション自体を通して上記①〜⑤の目的を達成することを目指す教育活動が教育相談であるともいえるでしょう。

（2）教育相談と生徒指導

　教育相談を語る上でしばしば話題となるのが、**生徒指導**との関係です。『生徒指導提要』（文部科学省，2010）によれば、生徒指導とは、「一人一人の児童生徒の人格を尊重し、個性の伸長を図りながら、社会的資質や行動力を高めることを目指して行われる教育活動のこと」であるとされています。

　一方、『生徒指導提要』では、教育相談と生徒指導との関係について以下の2点を指摘しています。

　①教育相談は生徒指導の一環として位置付けられるものであり、その中心的な役割を担うものである。

　②教育相談は主に個に焦点を当て、面接や演習を通して個の内面の変容を図ろうとするのに対して、生徒指導は主に集団に焦点を当て、行事や特別活動などにおいて、集団としての成果や変容を目指し、結果として個の変容に至るところにある。

　実際には、集団を対象とした教育相談（例：不登校を予防するための構成的グループエンカウンター）や、個を対象とした生徒指導（例：いじめを行った児童生徒への個別指導）も行われていることから、②については実情に即していないとする意見もあります。ただ、「生徒指導の中心的な役割を担うのは教育相談である」ことから、学校教育のなかで教育相談がいかに重要な役割を果たしているかが理解できるでしょう。

第2節　教育相談の種類

　教育相談は、その目的によって、**問題解決的（治療的）教育相談、予防的教育相談、開発的（成長促進的）教育相談**、の3タイプに分類されると考えられます。

（1）問題解決的（治療的）教育相談

「教育相談」と聞いて多くの人が思い浮かべるのは、不登校、いじめ、発達障害、非行など、何かしらの（いわゆる）"問題"を起こした児童生徒に対する、問題解決的（治療的）な働きかけだと思われます。その対象は、主として"問題"を起こした個人です。

なお、教育相談を「**心理教育的援助サービス**」の一環と考える「**学校心理学**」（石隈, 1999など）では、さまざまな問題を抱えた「特定の子供」に対する援助サービスを「**三次的援助サービス**」と呼んでいます。

（2）予防的教育相談

学校には、明らかな"問題"を起こしているというわけではないが、さまざまな面で「気になる子供」が存在します。不登校までは至らないが、休みがちな子供、対人関係に苦手さを抱える子供などです。そのような児童生徒が問題を起こすことのないよう未然に予防することも教育相談の重要な役割です。

学校心理学では、配慮を要する「一部の子供」に対する援助サービスを、「**二次的援助サービス**」と呼んでいます。

（3）開発的（成長促進的）教育相談

学校には、なんらかの問題に苦しんでいる子供（問題解決的教育相談の対象）、そこまでではないが気になる子供（予防的教育相談の対象）もたしかに存在しますが、全体のなかでは一部です。大部分の児童生徒は、何かしらの課題を抱えつつも、平穏な学校生活を送っているはずです。しかし、このような子供たちも、成長・発達しつつある存在であることに変わりはありません。そして、すべての子供の成長・発達を促すことを目的とするのが、開発的（成長促進的）教育相談です。したがって、その対象はすべての児童生徒であり、とくに、学級や学年、学校全体などの集団を対象とすることがその特徴です。

学校心理学では、問題の有無にかかわらず、すべての子供を対象とする援助サービスを、「**一次的援助サービス**」と呼んでいます。

第3節　「人格の成長への援助」における教師の役割

（1）心のピラミッド

　第1節（1）（3ページ）でも述べたように、教育相談は「人格の成長への援助を図るもの」であり、「**人格の完成**」を目指す教育の目的そのものと重なる部分が大きいといえます。

　ところで、「人格の完成」とはどのような姿なのでしょうか。そのヒントとなるのが、菅野（2009）の提唱する「**心のピラミッド**」です。菅野は、心の発達のモデルとして「心のピラミッド」を提唱し、それは「社会的能力」「心のエネルギー」「〈人間の良さ〉体験」からなるとしています（図1-1）。筆者は、ピラミッドの頂上が、「人格の完成」の1つのイメージとなるのではないかと考えています。

　菅野によれば、ピラミッドの頂上は、心が豊かで、温かで、広く、自己を発揮でき、社会のなかで活躍し、何事かを達成できる状態です。これは、マズロー（Maslow, A. H.）が指摘する「**自己実現**」といってもよいでしょう。

　しかし、自己実現できるためには、それなりの力が必要です。菅野は、それを「社会的能力」と呼び、自己表現力、自己コントロール力、状況判断力、問題解決力、親和的能力、思いやりの6つとしています。筆者は、ここに学力も

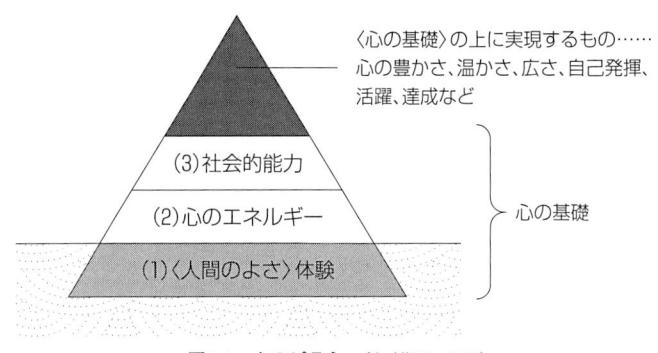

図1-1　心のピラミッド（菅野, 2009）

加え、「生きる力」として拡大解釈してもよいのではないかと考えています。そして、学校は、まさにこのような「生きる力」を児童生徒に身につけさせることをその使命としているはずです。

　学校は、「生きる力」を身につけさせるために、授業、朝の会や帰りの会、給食、清掃、部活動、行事など、さまざまなプログラムを提供します。しかし、子供たちがそれらのプログラムに意欲的に取り組むためには、その土台が必要です。菅野はそれを「心のエネルギー」とし、その要素は、安心できること、楽しい体験、認められる体験だとしています。

　しかし、心の発達には、さらなる土台が必要です。菅野はそれを「〈人間の良さ〉体験」としています。これは、「人って、いいなあ」とも言うべき、人間に対する**基本的信頼感**であり、本来であれば家族から十分な愛情を受けて育てられることで獲得されるものです。そして、これが十分に育っていることで、学校においても、教師や仲間に対して肯定的な感情をもつとともに信頼することができるのです。

　さて、学校生活への適応に困難を抱える子供は、このピラミッドのどこかでつまずいていると考えられます。そこに手をさしのべるのが、「人格の成長への援助を図る」教育相談です。では、そのために、教師はどのような役割を果たすことができるのでしょうか。

（2）教師力向上への期待

　「教育は人なり」と言われるように、昔も今も、学校教育の成否を決めるのは教師のあり方や力量だといって過言ではありません。とくに近年は教師の資質能力向上が教育政策の大きな課題とされ、文部科学省からは、教師の資質能力向上に関する指針がたびたび出されています。最近では、中央教育審議会答申「これからの学校教育を担う教員の資質能力の向上について〜学び合い、高め合う教員育成コミュニティの構築に向けて〜」（中央教育審議会, 2015a）において、次のように指摘されています。

　「我が国が将来に向けて更に発展し、繁栄を維持していくためには、様々な

分野で活躍できる質の高い人材育成が不可欠である。こうした人材育成の中核を担うのが学校教育であり、その充実こそが我が国の将来を左右すると言っても過言ではない。そのためには、学校における教育環境を充実させるとともに、学校が組織として力を発揮できる体制を充実させるなど、様々な対応が必要であるが、中でも教育の直接の担い手である教員の資質能力を向上させることが最も重要である。」

　学校がさまざまな課題を解決し、学校がすべての児童生徒にとって「人格の完成」「自己実現」に向かって歩みを進める場となるためには、教師の資質能力（教師力）を高めること以外に道はありません。では、現在、そしてこれからの教師に求められる力とはいったいどのようなものであり、それらを高めるために教育相談がどのような役割を果たすのかについて、次節で私見を述べたいと思います。

第4節 ┊ 「教師の4ぢから」と教育相談

　筆者は、教師に求められる資質能力（教師力）は4つにまとめられると考えており、それらを「**教師の4ぢから**」と呼んでいます（会沢, 2016）。

（1）伝える力 （授業力）

　学校では、児童生徒にさまざまな資質能力を育むために、多様なプログラムを用意しています。そして、それらを通して「生きる力」が身につかなければ、「人格の完成」「自己実現」には至りません。これが、「心のピラミッド」の上から2段目の部分です。とくに、学校生活の大部分を占めるのは授業であり、「授業がわからない」ことは学校生活への適応を妨げる大きな要因となります。

　したがって、「教師は授業で勝負する」といわれるように、教師に求められる力の筆頭は**授業力**です。とくに、新しい学習指導要領においては、「主体的・対話的で深い学びの実現に向けた授業改善」が求められている（文部科学省, 2018）ことからも、授業力の向上は今後ますます期待されているといえます。

（2）まとめる力（学級・ホームルーム経営力）

学校教育を通して子供たちが「生きる力」を育むためには、安心できるとともに、楽しい体験、認められる体験を通して「心のエネルギー」が充足されなければなりません。児童生徒は学級・ホームルームを居場所として学校生活を送るので、とりわけ学級・ホームルームが安心で、楽しく、認められる場となることが必要です。

そこで重要となるのが、担任による**学級・ホームルーム経営**です。『小学校学習指導要領（平成29年告示）』第1章「総則」第4「児童の発達の支援」（文部科学省，2018）においては、「学習や生活の基盤として、教師と児童との信頼関係及び児童相互のよりよい人間関係を育てるため、日頃から学級経営の充実を図ること」に配慮することが求められています。したがって、とくに担任をもつ教師は、授業力とともに学級・ホームルーム経営力を身につけなければなりません。

（3）ケアする力（個別支援力）

児童生徒のなかには、発達的（発達障害など）、社会・経済的（貧困など）に、さまざまな困難を抱えている子供たちがいます。とくに、「心のピラミッド」の最下段、「〈人間のよさ〉体験」が欠落している子供は、周囲の人たちに信頼感を抱くことができないので、生きていく上で大変な苦戦を強いられることとなります。

この部分は家庭で築かれるべきものであり、学校教育本来の役割ではないのかもしれません。しかし、家庭での教育力が不十分であるからこそ、このような子供たちは苦戦を強いられているのです。学校が家庭の代わりをすることはできませんが、このような子供たちに「人間のよさ」を体験させられるよう、可能な範囲で最大限の取り組みをすることも学校の大切な役割であると思われます。そして、従来から学校教育のなかでその役割を担ってきたのが教育相談であったはずです。

（4）つながる・つなげる力（連携力）

学習指導要領改定と並んで、最近の学校教育の大きなトピックは「**チーム学校**」です。中央教育審議会答申「チームとしての学校の在り方と今後の改善方策について」（中央教育審議会，2015b）においては、「学校が、より困難度を増している生徒指導上の課題に対応していくためには、教職員が心理や福祉等の専門家や関係機関、地域と連携し、チームとして課題解決に取り組むことが必要である」と述べられています。したがって、これからの教員には、何よりも他者と「つながる力」が求められているといえます。

さらに、学級・ホームルームに「対話的な学び」が成り立ち、「安心、楽しい、認められる」環境を作るためには、子供たち同士が「好ましい人間関係」を築けるよう援助する「つなげる力」も欠かせません。

（5）教師力を高める教育相談

では、教師がこのような力を高める方策はあるのでしょうか。結論からいえば、教師が教育相談を学び、教育相談の理解を深め、学校のさまざまな場面で教育相談を実践することこそが、教師力を高めるための王道であると筆者は信じています。

なぜなら、「教師の4ぢから」はいずれも、コミュニケーションの力であるからです。第1節(1)（3ページ）でも述べたように、コミュニケーションそのものによって、「人格の成長への援助を図る」ことを目指すのが教育相談です。したがって、教育相談の理解を深めて実践することで、教師はおのずと**コミュニケーション能力**を高めることができます。さらに、児童生徒の「自己理解を深めさせ」る教育相談を学ぶことは、教師自身の自己理解を深めることにもつながります。

本書を通して教育相談の理解を深め、教師力を高めていただくことを期待しています。

（会沢　信彦）

〈引用・参考文献〉

会沢信彦　2016　いま教師に求められる力とは　会沢信彦・田邊昭雄（編）　学級経営力を
　　高める教育相談のワザ13　学事出版　pp.10-17.

中央教育審議会　2015a　これからの学校教育を担う教員の資質能力の向上について～学び
　　合い、高め合う教員育成コミュニティの構築に向けて～（答申）

中央教育審議会　2015b　チームとしての学校の在り方と今後の改善方策について（答申）

石隈利紀　1999　学校心理学――教師・スクールカウンセラー・保護者のチームによる心理
　　教育的援助サービス――　誠信書房

菅野純　2009　教師の心のスイッチ――心のエネルギーを補給するために――　ほんの森出
　　版

國分康孝　1979　カウンセリングの技法　誠信書房

文部科学省　2010　生徒指導提要　教育図書

文部科学省　2018　小学校学習指導要領（平成29年告示）　東洋館出版社

〈読者のための読書案内〉

＊國分康孝『教育カウンセリング概説――子どもたちの発達課題を解決し成長を援助する』
　図書文化、2009年：数多くの著作を有するわが国におけるカウンセリングの泰斗が、「治
　すカウンセリング」ではない、教育に生かす「育てるカウンセリング」とはどのようなも
　のかを平易に解説しています。

＊菅野純『教師の心のスイッチ――心のエネルギーを補給するために――』ほんの森出版、
　2009年：さまざまなストレスを抱えやすい教師としての仕事に教育相談の考え方をどの
　ように生かすことができるのか、著者の豊富な事例や体験をもとに多くのヒントが述べら
　れています。

＊会沢信彦・田邊昭雄（編）『学級経営力を高める教育相談のワザ13』学事出版、2016年：
　「学級・ホームルーム担任として学級づくりに生かす」という視点で、教育相談の13の理論・
　技法を紹介しています。冒頭に架空の事例を紹介し、その事例の課題を解決するために理
　論・技法を学ぶという設定をとっています。

教育相談に関わる心理学の基礎的な理論

　教育相談活動を行っていると、児童生徒や保護者の行動や発言が教師の立場、あるいは自分の価値観や考え方ではまったく理解ができないと感じる場面に多々出会うと思います。人はそれぞれにいろいろな体験を重ねて生きていくため、物事に対するとらえ方や考え方は異ったものになります。さらに心は見えないものなので人の心を理解することはとても難しいことです。

　見えない心を理解しようとさまざまな視点から心の動きを研究する学問が心理学です。本章では心理学的な知見を使って心の病を理解し、援助する心理療法の代表的な理論を3つ紹介します。これらの理論から児童生徒や保護者の行動や発言を考えてみると、"なるほど"と理解できることもあると思います。本章で紹介した以外にもたくさんの心理療法があります。さらに知見を深めていくことで児童生徒や保護者に寄り添った教育相談活動を行う一助になると思います。

第1節 ┊ 心理療法とは

（1）心理療法とは

　心理療法は心が関係すると思われる病、あるいは病によって派生する心に関する問題に対して、心理学的な知見を使って専門的な援助を行うものです。心理療法では心の病を抱え、相談に来る人をクライエント、心理療法を行う人をセラピストといい、対等な立場にある者とします。心理療法にはさまざまな理論があります。それぞれに心の病のとらえ方は異なり、その理論に基づいた実践が積み重ねられ、それぞれに有効なアプローチ法が生み出されています。

（2）心理療法の理論と教育相談活動

　心理療法は各理論を専門的に学び、訓練と実践を重ねた心理臨床家が行うものであって、一般の者が安易に行ってはいけないものです。しかし、悩みや困難を抱える子供や保護者の問題を援助する教育相談活動を行う上で、心理療法の理論から対応についてのあらたな視点を得ることができると思います。本章では代表的な心理療法の理論である、精神分析、行動主義心理学、人間性心理学の理論を紹介します。

 ## 第2節　精神分析の理論による心の理解

（1）精神分析の理論とは

　精神分析はオーストリアの精神科医の**フロイト**（Freud, S.）によって創始された理論です。フロイトは精神疾患の患者を治療するなかで、患者の心のなかにさまざまな力のぶつかりあいが生じていることを見出しました。フロイトはそれを心的装置（図2-1）と仮定して追求することで体系的な精神分析理論を作り上げました。以下にその代表的な理論である**局所論**と**構造論**を説明します。

①局所論（意識・前意識・無意識）

　フロイトは人間の心は、自分が気づいている領域である「意識」と、注意すれば気づくことができる「前意識」と、気づかない領域である「無意識」の３つの領域に分けられると考えました（図2-1）。私たちが意識できる部分はほんの一部であり、私たちの行動は心の多くを占める無意識に左右されることがたくさんあります。たとえば、次の授業の発表の担当をうっかり忘れてしまった場合、無意識のなかに「発表をしたくない」という思いがあり、それが忘れるという行為を生じさせたのかもしれません。

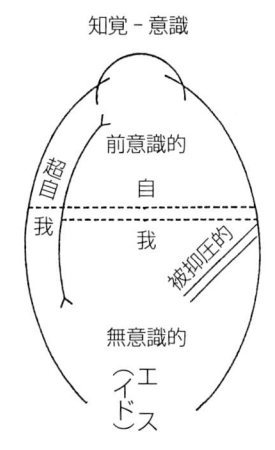

図2-1　フロイトの心の構造論―心的装置
（前田, 1985より作成）

②構造論（イド・自我・超自我）

　人間の心のなかにはそれぞれ異なる役割を担う「**イド**（id）、または**エス**（es）」、「**自我**（ego）」、「**超自我**（superego）」があり、それが1つの構造を成しているとする理論です（図2-1）。イドは人間が無意識のなかに本来もっている本能的・生物的な欲求で、**快楽原則**に従うものです。自我はイドと外界の状況を把握した上で今とるべき行動を決める役割をするもので、**現実原則**に従うものです。超自我は自我から独立したもので、親やまわりのおとなによるしつけによって内在化された行為の善悪の判断をする社会的規範である道徳心や良心です。

　たとえば、乳児の心にはイドしかないのでお腹がすけばどこであろうと泣きます。しかし、幼児期になると親の指示に従って待つことができるようになります。これは幼児期に自我が発達し、自我のはたらきによって自分の欲求を抑え、より外界に適した行動がとれるようになるからです。さらに、幼児期後期以降には親やおとなからのしつけによって超自我が心のなかに形成され、快楽原則に従うべきか、現実原則に従うべきかを自我が判断し、親の指示がなくても状況に即した適切な行動がとれるようになっていきます。

（2）心の病のとらえ方

　通常、イドの欲求が超自我のはたらきによって受け入れられないと判断されると、自我はその欲求を無意識のなかに押し込めて（抑圧して）、外界に適した行動をとろうとします。その過程で健康な人は湧き上がる欲求を適度に出したり、形を変えてかなえたりしながら、イドと超自我のバランスをうまくとることができますが、超自我が強い人は湧き上がる欲求を自我がすべて無意識下に押し込んでしまおうとします。そこにイド、自我、超自我のぶつかりあいが生じてしまい、抑えきれなくなった欲求が症状となって心の病を生じさせると考えます。

（3）心の病へのアプローチの仕方

　無意識下で生じている欲求の葛藤を意識にあげ、自我がコントロールできる

ようにして、適切な形で
欲求を表現できるように
することを目指します
（図2-2）。ここではそのた
めの精神分析の技法を2
つ紹介します。

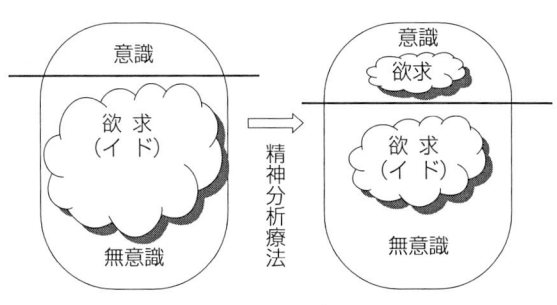

図2-2　精神分析療法のイメージ（楡木, 2002より作成）

①自由連想法
　クライエントは「こん
なことを思ってはいけない」とか「意味がない」と思うことなく頭に浮かんだ
すべてのことを話すように求められます。セラピストは語られた内容に良い悪
いの社会的観念に基づいた判断は行わず、中立的に話に耳を傾け、無意識下に
あるものをクライエントとともに探求していきます。

②転移・逆転移
　「転移」とは、クライエントが人生のなかで出会った重要な人に対して抱い
ていた感情やその人との関係をセラピストに向けることです。「逆転移」とは
反対に、セラピストの過去の体験で生じた思いをクライエントに向けることで
す。転移や逆転移をセラピストがしっかりととらえ、それを解釈して伝え、一
緒に考えることでクライエントの無意識に押し込まれている欲求を理解してい
きます。

第3節　行動主義心理学の理論による心の理解

（1）行動主義心理学とは
　行動主義心理学は見えない心を仮定してとらえるのではなく、反応として表
面に現れる行動だけを対象として心をとらえようとするもので、**ワトソン**
（Watson, J.）により創始されました。その視点に基づいた実証研究によって**学
習理論**で有名な**古典的条件づけ**（レスポンデント条件づけ）や**道具的条件づけ**（オ
ペラント条件づけ）などが確立されました。古典的条件づけはパブロフの犬の実

験にあるように、もともともっている生理反応（肉を食べると唾液が出る）に対して、違う刺激を対提示する（ベルを鳴らした後に肉を与えることをくり返す）ことによってその刺激を生理反応に結びつける（ベルの音を聞くと唾液が出る）ものです。道具的条件づけは自発的に行った行動に報酬や罰を与えたり、与えなかったりすることでその行動を増やしたり、減らしたりするものです。この節では行動主義心理学の考えを使った心理療法である**行動療法**と**認知行動療法**を取り上げ説明します。

（2）行 動 療 法

①心の病のとらえ方

行動療法は心の病や問題行動はそれを学習したからであると考えます。そのため、①すでに学習され、維持されている症状や問題行動を消去し、②望ましい適応行動を新しく、しかも積極的に習得させるという2点が治療の中心課題となります（坂野・菅野・佐藤・佐藤, 1996）。

②心の病へのアプローチの仕方

行動療法では学習理論に基づくさまざまな技法を用います。たとえば、**トークン・エコノミー法**は、望ましい行動が生じた時にトークン（代理貨幣）を与え、一定数を集めるとなんらかの報酬が得られることを約束しておき、望ましい行動を増やしていく（強化する）技法です。日常生活でのポイントカードなどはこれを用いたものです。また、不安の高い子供に表2-1のような不安階層表を

書かせ、低い順番で実行しながら、その際に生じた不安をリラクゼーション法で解消させて、より高い不安を生じる行動ができるようにしていく**系統的脱感作法**などがあります。クライエントの症状に合わせて適切な技法を使って症状の解消を目指します。

表2-1　不安階層表の例

不安に思うこと	得点
全校生徒の前で演説をする	100点
クラスのなかで自分の意見を発表する	80点
クラスのなかで司会をする	65点
グループのなかで自分の意見を言う	50点
先生と話をする	35点
友だちと話をする	20点
知らない先生にあいさつをする	15点
友だちにあいさつをする	10点

（3）認知行動療法

①心の病のとらえ方

ベック（Beck, J.）やエリス（Ellis, A.）によるものが代表的な認知行動療法としてあげられます。認知行動療法は人の"出来事のとらえ方（認知）"に注目し、心の病は出来事に対する**認知の歪み**によって生じると考えます。たとえば、就職面接でうまくいかなかった場合に「私は無能だ」、「私を必要とする会社はどこにもない」ととらえると気分はひどく落ち込みますが、「自分の良さがわかってもらえる会社は必ずある」、「この経験を役立てよう」ととらえると次への意欲になるかもしれません。このように私たちは同じ出来事でもそれをどうとらえるかによって身体・行動・気分はかなり違うものとなるのです。以下にベックの認知行動療法のアプローチ法を紹介します。

②心の病へのアプローチの仕方

認知行動療法では認知の歪みを**自動思考**と呼び、それを修正し、自分でそれをコントロールできるようになることを目指します。治療面接ではクライエントに、表2-2のような記録用紙を用いて、自動思考からより適応的な考え方ができるような練習をしたり、ロールプレイや自己主張トレーニングなどを行って認知の歪みを改善していきます。

表2-2　自動思考記録用紙の例、および記入例

	気分が落ち込んだ出来事	その時に起こった感情 憂うつ・不安・怒り・恥・罪悪感・悲しい・困惑・心配・パニック・不満など (強さ0〜100)	その時に浮かんだ自動思考	それ以外の可能性のある，より適応的な考え方	感情の変化 (強さ0〜100)
①例	仕事で失敗した	悲しい (90%)	自分は何をやってもダメな人間だ	できていることもある	悲しい (30%)
②					

第4節　人間性心理学の理論による心の理解

（1）人間性心理学の理論とは

マズロー（Maslow, A.）や**ロジャーズ**（Rogers, C.）に代表される人間性心理学は、人間がもつ潜在能力と自己成長能力を重視するもので、人間は本来より良き方向を目指して歩み、自己の可能性をみずからの意思で発揮して生きる**自己実現**の力をもっていることを前提とします。ここではロジャーズによって創始された**クライエント中心療法**を紹介します。

（2）心の病のとらえ方

　私たちは他者とのかかわりや経験などから「自分はこういう人である」という**自己概念**を作り上げ（図2-3の左の円）、自己概念をもってさまざまな経験をしていきます（図2-3の右の円）。自己概念と経験が一致する場合、私たちはそのことを受け入れることができ(a)、自己概念はさらに安定していきます。しかし、自己概念に一致しない経験は受け入れることができず、歪曲してとらえたり(b)、拒否したり(c)します。あまりにも(b)や(c)の部分が大きくなると、自己概念が崩れてしまったり、経験することへの不安が生じ、それが心の病を生じさせると考えます。

　たとえば、「自分は優秀である」という自己概念を形成している人は、試験で良い点数がとれないと、「たまたま苦手なところが出た」、「実力が発揮できなかっただけだ」と歪曲してとらえたり(b)、試験のことを忘れよう(c)とします。しかし、不一致の体験が多くなってくると自己概念が保てなくなり、試験を受けることに恐怖を感じるなどの精神症状や身体症状が生じることになります。

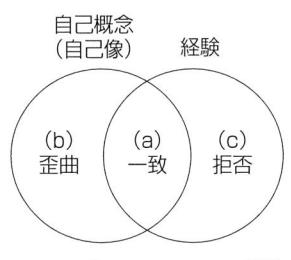

図2-3　パーソナリティの3領域

（3）心の病へのアプローチの仕方

　クライエント中心療法では、図2-3の(b)や(c)の

部分を減らし、(a)の部分を広げ、ありのままの自分でいられることを目指します。前述の例でいえば、「自分は優秀でないところもある」というようにありのままの自分を認め、受け入れることが症状の改善につながると考えます。しかし、受容していく過程にはかなりの苦痛や抵抗が伴います。クライエントが安心してその作業に取り組むためには心理療法の場面において、以下のセラピストの3つの基本的態度が必要であるとされます。

①**セラピストの自己一致**（純粋性）：セラピストが専門家ぶったり、自分を隠したりするのではなく、ありのままで存在し、自分の気持ちや意識に目を向けてそれを正直に話していくことで、クライエントも自分自身に正直になることができます。ロジャーズは3つの態度のうちでもっとも重要であるとしています。

②**無条件の肯定的配慮**（受容）：クライエントの一致していない語りや理不尽な言動も、それを判断することなく自己実現能力をもつ人間として尊重し、すべてを受け入れるセラピストの態度をいいます。受け入れられるという安心感によってクライエントは自分自身を受け入れていくことができます。

③**共感的理解**（感情移入的共感）：セラピストがクライエントの見ている世界をそのまま理解し、あたかも自分自身のことのようにクライエントの気持ちを感じとり、それを伝える態度です。それによりクライエントは自分のあり方に気づきが得られます。しかし、「あたかも」であり、クライエントの感情に巻き込まれることなく援助していくことが求められます。

セラピストがこれらの態度を技術や道具として使うのではなく、純粋にクライエントに示し、向きあうことで、本来もっているクライエントの自己実現能力が開花され、自然と自己一致していくとするのがロジャーズの考えです。

第5節　教育相談における心理療法の理論の活用

（1）精神分析理論

登校時間になるとお腹が痛くなり学校に行けないという症状を呈する神経症

傾向の不登校の子供を精神分析の理論でとらえてみます。なんらかの理由によって学校へ行きたくないという思い（イド）が生じているのに、その理由や学校へ行きたくないと思うことはいけないことだと判断し（超自我）、その思いを自我が無意識のなかに押し込めようとします。しかし、イドが大きくなりすぎると押し込めることができなくなり症状として腹痛が生じているととらえることができます。このように考えると、このタイプの子供にはとてもまじめな子供が多いといわれるのも理解ができると思います。このようなタイプの場合は、本人に不登校の理由を聞いても無意識の世界で起きていることなのでわかりません。治療的なカウンセリングにつなぎ、見守る姿勢が必要になることもあります。子供たちの症状には本人にもわからない無意識の世界の動きがあることを念頭に置き、イド、自我、超自我のバランスの視点から子供の行動をとらえてみると、その行動の理解が得られることも多いと思います。

（2）行動主義心理学の理論

　行動主義心理学の理論は実際に、子供の不適切な行動の修正に活用され、効果をあげています。たとえば、多動傾向のある子供に対して立ち歩く時に叱責するのではなく、立ち歩かない時に褒めることで、立ち歩く行為が減る場合もあります。多動傾向の子供は叱責されることが多く、褒められることをより求めているのです。学習理論をうまく使うことで、適切な行動を増やすことができ、子供たちにやる気を生じさせることができます。

　また、物事に対する認知の変容を促すかかわりは、物理的な環境を変化させられない状況にある子供の場合には、閉塞的な気分を変化させ、あらたな気づきを与えることができる有効な方法であるといえます。

（3）人間性心理学の理論

　子供たちは潜在的に自己実現しようとする力をもっていますが、その力が発揮できない子供は、純粋性をもって関わってくれる人、無条件に受容してくれる人、共感的に理解をしてくれる人の存在が十分でないのかもしれません。子

供たちの力を信じて、そのような存在として教育相談活動の対象となる子供と
関わることで心に変化を生じさせることができるのかもしれません。

（日潟　淳子）

〈引用・参考文献〉

馬場禮子　2010　精神分析的人格理論の基礎——心理療法を始める前に——　岩崎学術出版
　　社

國分康孝　1997　教師の使えるカウンセリング　金子書房

前田重治　1985　図説　臨床精神分析学　誠信書房

楡木佳子　2002　「無意識」がいたずらをする　松原達哉（編）　図解雑学　臨床心理学　メ
　　ツメ社　p.52.

佐治守夫・飯長喜一郎（編）　2011　新版　ロジャーズクライエント中心療法——カウンセ
　　リングの核心を学ぶ——　有斐閣

坂野雄二・菅野純・佐藤正二・佐藤容子　1996　ベーシック現代心理学 8　臨床心理学　有
　　斐閣

友久久雄（編）　2005　学校カウンセリング入門　改訂版　ミネルヴァ書房

〈読者のための読書案内〉

＊藤森旭人『小説・漫画・映画・音楽から学ぶ　児童・青年期のこころの理解——精神力動
　的な視点から』ミネルヴァ書房、2016年：児童期や青年期の揺れ動く心や教育現場で生
　じている問題が精神分析理論によって鮮やかに解説されています。

＊奥田健次『メリットの法則　行動分析学・実践編』集英社、2012年：行動主義心理学の
　理論を用いた行動分析学の視点から子供のさまざまな問題行動を改善させる実例が述べら
　れています。

＊鑪幹八郎・川畑直人『心理学の世界　基礎編 8　臨床心理学——心の専門家の教育と心の
　支援』培風館、2009年：本章で紹介した理論に加えてさまざまな心理療法の理論や技法
　がわかりやすくまとめられています。

学校における**カウンセリング**

　あなたが小学生や中学生だった時のことを思い出してみてください。学級・ホームルーム担任が友だちとのつきあい方について考える授業をしたことはありませんか。友だちとの関係がうまくいかず信頼している先生に悩みを打ち明けたことはありませんか。進路に迷い学級・ホームルームの先生に相談をしたことはありませんか。家族とのやりとりにストレスを感じ保健室に話をしに行ったことはありませんか。実はこれはすべて学校におけるカウンセリングということができます。カウンセリングと聞くと、不登校状態にある子供への支援や精神的な不適応状態にある子供への支援をイメージするかもしれません。もちろん、それらの支援も学校におけるカウンセリングですが、問題を解決するだけが学校におけるカウンセリングではありません。学校におけるカウンセリングは、その対象も、担い手も、方法も多様です。そして教師だからこそできることも多く含まれています。本章では学校におけるカウンセリングの特徴やその基礎となるものについてご紹介します。

第 1 節　学校におけるカウンセリングの特徴

　学校におけるカウンセリングとは何でしょうか。学校におけるカウンセリングとは、学校という場面で行われるカウンセリングでもありますし、学校生活のなかで出会う問題についてのカウンセリングでもあります。カウンセリングには統一された定義はありませんが、國分 (1979) は「言語的および非言語的コミュニケーションを通して、行動の変容を試みる人間関係」と定義し、その本質を人間関係としています。学校におけるカウンセリングの特徴として、次の 4 点をあげることができます（小林・橋本・松尾，2008；國分，1999など）。

(1)主たる対象が子供であること

　これは当然のことと感じるかもしれません。しかし、対象が子供であるということは、対象である子供が自分自身で問題を見つけたり、整理したりすることが難しいということでもあります。また発達、成長を見通した上での支援が求められますので、発達段階や発達課題についての理解はもちろんのこと、それをアセスメントするための方法についての理解や技法獲得が必要となります。

(2)チーム支援が基本であること

　支援の中心となるのは、対象となる子供ともっともかかわりのある学級・ホームルーム担任であることが一般的です。しかし、対象となる子供たちにふさわしい支援を提供するために、学級・ホームルーム担任だけでなく複数の教師、保護者、スクールカウンセラー（SC）、スクールソーシャルワーカー（SSW）、地域など、関係者が協働して、集団の知を活用していくことが必要不可欠になります。チームで支援をすることで子供をさまざまな視点から立体的に見ることができるのです。ただし、複数人で支援にあたるため、守秘義務の扱いには慎重にならなくてはなりません。チームにおいてどの程度情報を共有するのか、共有した情報をどのように扱うのかについて、チーム内で共通理解をもつことが求められます。

(3)育てるカウンセリングであること

　学校におけるカウンセリングでは、問題の発生を予防したり、人間としての成長を促進したりするような支援を重視します。これらの支援を、育てるカウンセリングといいます。

　人間としての成長を促進するような支援は**開発的カウンセリング**にあたります。開発的カウンセリングは、子供たちが将来社会において自立して豊かな生活を送ることができるよう、子供のもつ資質の開発や必要な力の獲得を支援することであり、すべての児童生徒が対象となります。問題を予防するような支援は**予防的カウンセリング**にあたり、問題が深刻化する前の段階でニーズのあ

る子供を発見し、子供自身の力で解決できるよう予防的に支援することです。対象は一部の児童生徒となります。予防・開発的カウンセリングを行うことで、問題の発生は減ることが予想されますが、生活をしていく上で、問題をすべて避けて通ることは困難です。問題が発生した時に、カウンセリング的なアプローチを用いて問題の解決や不適応状態からの回復を支援するのが**問題解決的カウンセリング**です。

（4）多様なアプローチが可能であること

　学校におけるカウンセリングでは、特定の理論や方法に固執することなく、子供の成長・適応を目指して適当な方法を積極的に実践することが求められます（折衷主義）。つまり支援の目的からみて、どのようなかかわりがもっとも有効であるかを考えることが必要になります。とくに教師は、子供たちと日常的に関わるので、対象（特定の子供、小集団、学級集団）や方法（直接的、間接的）など、さまざまなアプローチで支援を行うことができます。適切な支援を行うためには、アセスメントが重要です。情報収集においても、問題の中心となる子供だけでなく、周囲の子供や保護者、子供とかかわりのある教師などさまざまな情報源を活用することができます。

第2節 ｜ 学校におけるカウンセリングの対象と担い手

（1）カウンセリングの対象

　学校におけるカウンセリングの主な対象は子供です。しかも一部の子供ではなく、すべての子供が対象となります。さらに、対象は子供だけでなく、保護者、地域、組織も含みます。対象が子供である時、特定の個人に対して支援をする場合と、集団に対して支援をする場合があります。対象を集団にすることのメリットとして、①模倣の機会を多く得られること、②悩みが自分だけのものでないことを知り、安心感を得られること、③多様な仲間からのフィードバックにより洞察の機会を多く得られること、④試行錯誤の機会を多く得られる

こと、⑤集団規範に従うことにより個人の変容が促進されること、⑥集団への所属感により日常生活が支えられること、があげられます（國分, 1999）。つまり、集団のもつ力を支援に役立てることができるのです。

（2）カウンセリングの担い手

　学校におけるカウンセリングを中心的に担うのは教師ですが、一口に教師といっても、担任、同じ学年の教師、学年外の教師、管理職、養護教諭などさまざまです。さらに、SC、SSW も学校におけるカウンセリングの担い手となります。とくに個別的なかかわりの場合、対象となる子供の意思を尊重し、担い手が担任以外の教師や SC、SSW となる場合もあるでしょう。たとえば、いじめの被害については「同性の先生に相談したい」と考える子供が多いようですが、必ずしも担任が同性とは限りません。チーム支援が基本である学校カウンセリングにおいては、担任だからといって支援を一手に引き受ける必要はありません。支援の担い手の選択肢が多いことは、支援を受ける子供にとっても、支援を提供する教師にとってもメリットであると考えるべきです。そして、より専門的な支援が必要であると考えられる場合には、外部の専門機関と連携したり、相談を依頼したり（リファー）することも求められます。

　ここで、支援の担い手についての学校心理学の考え方を紹介します。学校心理学は学校におけるカウンセリングを考える際に大変有用な知見を示してくれる学問です。学校心理学では、心理教育的援助サービスの担い手として多様な支援者を、①専門的ヘルパー（心理教育的援助サービスの仕事を中核として専門的に行う者。SC など）、②複合的ヘルパー（複合的な仕事の一側面として心理教育的援助サービスを行う者。教師）、③役割的ヘルパー（役割のひとつとして心理教育的援助を行う者。保護者）、④ボランティア的ヘルパー（職業や家族としての役割に関係なく、自発的に子供の支援に関わる者。友人、地域の人など）の４種類のヘルパーとして整理しています（石隈他, 2016；水野・石隈・田村・田村・飯田, 2013）。②複合的ヘルパーである教師は支援をする上で、情報の入手が早い、早期発見・早期対応が可能、連携がとりやすく多様な支援が可能などのメリットがあります。また③役割的ヘ

ルパーである保護者と協力関係になるためには、傾聴的発言、教師が自分の考えや感情を示す自己開示的発言、保護者へのねぎらいをする社会的発言が必要になります（石隈他，2016）。

第3節　学校におけるカウンセリングの方法

　國分（1997）はカウンセリングの方法を表3-1のように示し、すべてを学校という場面で実践することが可能であるとしました。この表からも学校におけるカウンセリングには多様なアプローチが存在することがわかります（表3-1）。

表3-1　カウンセリングの方法（國分，1997より作成）

方法	説明
個別カウンセリング	1対1の面接のこと。変形として3者面談、家庭訪問、2人の教師が1人の児童・生徒あるいは保護者に会う方式などもある。
グループカウンセリング	カウンセラーが1人または2人、メンバーは10人くらいで1回90分のフリートーキングを重ねる方式。現代版「3人寄れば文殊の知恵」。
グループガイダンス	多人数を対象にして、1度に情報提供やアドバイスをする方法。グループカウンセリングよりも座学の特徴を強くもつ。
グループワーク	グループメンバーが1つのプロジェクトを共有し、これを完成すべく役割分担して協力しあう作業的な方法。
グループエンカウンター	グループメンバーが互いに自己開示をしあうこと。ねらいはリレーションの体験学習と自己発見。
サイコエデュケーション	心理学的な知識を提供すること。対象として児童・生徒、保護者、教師などが考えられる。方法としてワークショップ形式、講義形式。
コンサルテーション	情報提供とアドバイスが主となる会話。異なる分野や異なる役割をもつ者同士が支援の対象者について話しあう「作戦会議」。
コーディネーション	連絡・調整のこと。
スーパーヴィジョン	スキルの学習不足のために困難を抱えている人に対して、立ち振る舞いを教える方法。

　とくに学校におけるカウンセリングの中核となる育てるカウンセリングの具体策としては次の4つの方法があります（小林他，2008；國分，1997；1999；國分・中野，2000など）。

（1）対話のある授業

　対話のある授業とは、子供同士もしくは教師と子供で考え・感情・行動を開示しあい、交流する機会のある授業のことです。対話には、自己との対話、2者間の対話、集団内の対話（小集団での話しあい）、グループ間対話（異なる文化・立場のグループ間での話しあい）、全体対話があります。対話を通して、自己と他者を尊重し、理解、受容する経験ができます。さらに、さまざまな考えを意識し、共有することになるので、新しい発見が生まれることもあります。結果として学習に対する意欲や学習の効果が増す可能性があります。授業のしめくくりに子供同士で考えをシェアする時間を設けたり、教師が授業中に自己開示をしたりすることが対話のある授業にあたります。対話のある授業は教師だからこそできる育てるカウンセリングです。

（2）構成的グループエンカウンター（Structured Group Encounter；SGE）

　SGE とは、こころとこころのふれあい、自己発見を主なねらいとしたグループアプローチの1つです。参加者はグループで与えられた課題に取り組み、その課題を通して相互に自己開示を行います。自己開示によりふれあいが深まり、そのふれあいにより自分の内面を探索することができると考えられます。標準的には、導入（インストラクション）、課題（エクササイズ）、シェアリングという流れで進みます。年間を通して SGE を実践することで、子供たちの人間関係を円滑なものにすることを支援するとともに、自己理解を促すことも期待できます。

（3）キャリア教育

　キャリア教育とは、どのような人生を歩んでいきたいかを考えさせる教育のことです。勤労観や職業観を育てることはもちろん、今後進んでいきたい目標を定め、そのために今できることを考えたり、今身につけておくべきことを学習したりします。職業体験や職業に関する調べ学習は1つの方法として考えられますが、ただその体験や学習をするだけではなく、生きることはどのような

ことか、生きていくなかで自分の目標とすることはどのようなことなのかを考えさせることも必要となります。

（4）サイコエデュケーション

　サイコエデュケーションとは、子供が共通して抱える問題をテーマにしてレクチャーを行い、問題解決能力を育む方法です。**ソーシャルスキル教育**や**ライフスキル教育**などが含まれます。

　①**ソーシャルスキル教育**：ソーシャルスキルとは良好な人間関係をつくり、維持するために必要となる知識や方法のことです。こうした知識や方法を学びにより身につくものと考え、他者の行動を観察したり（モデリング）、実際に行動したり（行動リハーサル）しながら、獲得を目指していきます。特定の子供、小集団、学級集団を対象に実践することができます。

　②**ライフスキル教育**：ライフスキルとは、世界保健機関により提唱された、日常に起こるさまざまな問題や要求に対して、より建設的かつ効果的に対応するために必要な能力のことです。ライフスキルには「意思決定」、「問題解決」、「創造的思考」、「批判的思考」、「効果的コミュニケーション」、「対人関係スキル」、「自己意識」、「共感性」、「情動への対処」、「ストレスへの対処」の10スキルが含まれます。主体的な参加型学習を中心に実践されています。

　サイコエデュケーションを実践する際には、対象となる集団（もしくは個人）の状態を十分に把握して、その状態に合った内容を提供することが求められます。さらに、扱ったテーマを、日常生活のなかでも意識させることで、子供たちの成長・発達を促すことが期待されます。サイコエデュケーションの担い手として、学級・ホームルーム担任、それ以外の教師、心理学の専門家などが考えられますが、とくに学級・ホームルーム担任が実践することで（もしくは実践に参加することで）、日常生活のなかへ取り入れやすくなるというメリットがあります。

第4節 ： 学校におけるカウンセリングの基礎：カウンセリング・マインド

　学校におけるカウンセリングの基礎となるものとして**カウンセリング・マインド**があります。カウンセリング・マインドは、教育相談において非常に重要視されていますが、明確に定義されていないのが実情です。

　それでは、カウンセリング・マインドとは何でしょうか。一般的にカウンセリング・マインドという時、来談者中心療法の創始者であるロジャーズ（Rogers, C.）が提唱した、カウンセラーの態度を指すことが多いです（石隈他，2016；日本教育カウンセラー協会，2013）。

　①無条件の肯定的配慮・受容：カウンセリングの担い手がみずからの価値観で相手を評価することなく、温かなまなざしで相手のありのままを受け入れようとする態度のことです。「友だちに意地悪をしなければ、あなたを受け入れるよ」や「手伝いをしてくれたら、あなたを認めるよ」というのは条件つきの受容であり、無条件の肯定的配慮にはあたりません。もちろん意地悪を受け入れるということではありません。相手の行動が正しいかどうかではなく、相手の存在全体を受け入れるということです。無条件の肯定的配慮・受容は目の前にいる相手そのものに興味・関心をもつことでなしえるでしょう。

　②共感的理解：相手の気持ちをできるだけ正確にとらえ、それをあたかも自分のもののように感じようとする態度のことです。そして感じとったことを相手に対して伝え返し、共有することも必要となります。相手の気持ちをあたかも自分のもののように感じるためには、相手と自分とが他人であることを十分に理解し、相手の視点から物事をとらえようとする姿勢が必要です。

　③自己一致（純粋性）：私たちは相手と話をしている時に、自分のなかにさまざまな感情や考えがうまれてきます。自己一致とは、相手の言動を見聞きしている時に、自分の心のなかに湧き起こった感情に忠実であろうとする態度で、相手の話を聞きながら自分自身の心の動きにも十分に目を向けていく姿勢のことです。少し想像してみてください。あなたは小学校で教育相談を担当しているとします。あなたのところに、友だちや先生に対して暴言などの攻撃的な態

度が目立ち、先生の指示を聞き入れない小学校6年生のBくんがやってきました。あなたはBくんと面接をすることになりましたが、Bくんは面接中もあなたに暴言を言ったり、面接室での約束や終わりの時間をあの手、この手で破ろうとしたりしてきました。もしあなただったらBくんとの面接中にどのようなことを考えたり、感じたりするでしょうか。「Bくんとの面接はしんどいな」「あの手、この手のBくんに少しイライラするな」と感じるかもしれません。このような自分自身のなかに生じたネガティブな感情に、"先生だから"と、意識的にせよ、無意識的にせよ蓋をしてしまうと、カウンセリングをうまく進めることは難しいでしょう。それは、自己一致の状態にないためです。

　いくつかの役割の1つとしてカウンセリングを担う教師ですから、カウンセリングに臨む姿勢と日常における姿勢に不一致を感じることもあるかもしれません。カウンセリングの定義にあるように、カウンセリングの本質は人間関係です。つまり、カウンセリング・マインドとは人間関係を円滑にするための信頼関係を築く姿勢（リレーションをつくり、維持する姿勢）と考えられます。ロジャーズのカウンセリング・マインドはその一例です。カウンセリングはコミュニケーションの延長上にあるものです。平木（2013）はコミュニケーションの前提として、伝えたことは相手の受けとり方で変わること、できるだけ相手の考え方・感じ方の枠にそって、相手の伝えたいことを理解すること、相手を正確に理解するためには確認が必要であることを示しています。カウンセリングを特別なものととらえずに、普段の人間関係やコミュニケーションの一環ととらえ、カウンセリング・マインドをそのかかわりを円滑にする姿勢とすれば不一致感や抵抗感は小さくなるのではないでしょうか。

　またカウンセリングに関わる場合には、**倫理規範**をもつことも重要です。倫理規範には①守秘義務、②学び続ける姿勢、③インフォームド・コンセントなどが含まれます。倫理規範を守ることが対象者にとっても安心感を与え、信頼関係が強固なものとなると考えられます。

（桑原　千明）

〈引用・参考文献〉

平木典子　2013　図解　相手の気持ちをきちんと〈聞く〉技術——会話が続く、上手なコミ
　　ュニケーションができる！——　PHP研究所

石隈利紀・大野精一・小野瀬雅人・東原文子・松本真理子・山谷敬三郎・福沢周亮（編）
　　2016　学校心理学ハンドブック［第2版］——「チーム」学校の充実をめざして——　教
　　育出版

小林正幸・橋本創一・松尾直博（編）　2008　教師のための学校カウンセリング　有斐閣

國分康孝　1979　カウンセリングの技法　誠信書房

國分康孝（編）　1997　子どもの心を育てるカウンセリング　学事出版

國分康孝（編）　1999　学校カウンセリング　日本評論社

國分康孝・中野良顕（編）　2000　これならできる教師の育てるカウンセリング　東京書籍

水野治久・石隈利紀・田村節子・田村修一・飯田順子（編）　2013　よくわかる学校心理学
　　ミネルヴァ書房

文部科学省　第3章スクールカウンセリング　http://www.mext.go.jp/a_menu/shotou/clar-
　　inet/002/003/010/009.htm

日本教育カウンセラー協会（編）　2013　新版　教育カウンセラー標準テキスト　初級編
　　図書文化社

〈読者のための読書案内〉

＊石隈利紀・大野精一・小野瀬雅人・東原文子・松本真理子・山谷敬三郎・福沢周亮（編）
『学校心理学ハンドブック——「チーム」学校の充実をめざして［第2版］』教育出版、
2016年：学校におけるカウンセリングを考える際に、重要な知見を提供してくれる学校
心理学について、トピックごとに網羅的に紹介されています。

＊小林正幸・橋本創一・松尾直博（編）『教師のための学校カウンセリング』有斐閣、2008
年：学校におけるカウンセリングについて、Ⅰ．概要、Ⅱ．予防・開発的カウンセリング、
Ⅲ．問題解決的カウンセリングと紹介されています。予防・開発的カウンセリングでは、
いくつかの取り組みについて理論的説明とともに実践方法などが示されています。

＊日本教育カウンセラー協会（編）『新版　教育カウンセラー標準テキスト初級編』図書文
化社、2013年：「教育とカウンセリングの両方になじみのある専門教育者」である教育カ
ウンセラー養成のためのテキストです。基本から実践まで、学校におけるカウンセリング
で活用することのできる幅広い情報を得ることができます。

カウンセリングの基本技法

筆者の経験から教師とカウンセラーは児童生徒の問題に対して、専門性を活かした多面的な支援と連携が大切であると考えています。誰に相談すればよいのか、相談したい内容によっては教師に話せることと話せないこともあります。児童生徒にとっても相談できる相手が複数いることはとても心強く、安心できるのです。

本章では教師による教育相談の役割について、カウンセラーとの違いを整理しながら、カウンセリングの心構えと基本技法について解説します。また、授業ではカウンセリングのロールプレイ実習を行い、理解を深めるようにしましょう。

第1節　学校現場でのカウンセリングとは

　学校現場で行われるカウンセリングには、教師が行う教育相談とカウンセラーが行うスクールカウンセリングがあげられます。

　教育相談は「一人一人の生徒の教育上の問題について、本人又はその親などに、その望ましい在り方を助言することである。その方法としては、1対1の相談活動に限定することなく、すべての教師が生徒に接するあらゆる機会をとらえ、あらゆる教育活動の実践の中に生かし、教育相談的な配慮をすることが大切である」(文部科学省, 2008) と示されています。つまり、児童生徒が抱える問題や悩みを解決するために、その子供や親と面談を行うだけでなく常日頃から目をかけ声をかけていくことが、生活への適応を促し、成長を支えるといえます。

　一方、スクールカウンセリングは児童生徒の心理・発達的な援助を目的とし

た活動であり、心理的援助サービス
の専門家であるスクールカウンセラ
ーは個々の児童生徒や保護者を対象
にしたアセスメント（心理査定）と
カウンセリング（心理面接）、教師を
対象にしたコンサルテーション（異
職種協議）、学級や学校単位の集団を
対象にする心理教育などを行ってい
ます。

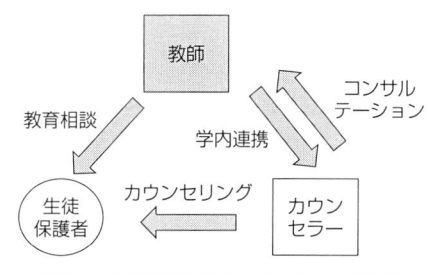

図4-1　教育相談とスクールカウンセリング

　そのなかでもとくに**カウンセリング**は人間の心理や発達の理論に基づく対人
援助であり、個人の成長を促進し、対人関係の改善や社会的適応性を向上させ
ることから、さまざまな領域の対人援助サービスの専門家がそれぞれの場面で
活用しています。学校・教育現場においても、健康な児童生徒を対象にしたカ
ウンセリング心理学に基づくアプローチが人格形成や予防教育、早期の問題解
決と学校への適応に有効であることから、教師がスクールカウンセリングを学
び、実践する意義は大きいといえます。

　現代の学校では子どもたちや教師が直面するこの領域特有の問題があります。
生徒指導提要（文部科学省, 2011）には個別の問題を抱える児童生徒への指導と
して、発達に関する課題、喫煙と飲酒、少年非行、薬物乱用、暴力、いじめ、
インターネットや携帯電話のトラブル、男女間の問題、家出、不登校、退学、
などの問題が取り上げられています。

　また、問題や悩みにはいじめや不登校以外にも、家族、友人や先輩・後輩と
の人間関係、勉強や成績への不振と不安、自分の将来や進路・職業など、多様
です。教育相談ではこうした問題を解決する力を養えるよう支援を行います。
さらに、児童生徒一人ひとりの個性を伸ばし、理想と目標に向け努力できるよ
う、サポートしていきます（→第1章第2節：教育相談の種類を参照）。

第2節　学校カウンセリングの方法

　教師は児童生徒の問題や悩みに指導的な態度と受容的な態度、2つの態度で関わることが求められます。指導的な態度とは、教師が教育の専門家として、①言い聞かせたり、説教したり、説得したりする、②児童生徒の家庭での日常的な生活改善を指導する、③指示的で命令的に対応する、④叱咤激励して、やる気を起こさせようと対応する、⑤教え諭したり、指導的な対応をしたりする、⑥評価的で批判的に対応する、⑦忠告的に対応する、といったように能動的に関わることです。これらのかかわりは問題行動を抑制するだけではなく、児童生徒の学校生活への適応にもつながります。

　一方、受容的な態度による学校カウンセリングはロジャーズ（Rogers, C.）によって創始された**来談者中心療法**が基礎になります。来談者中心療法は非指示的で相談者の自己解決力（自己決定力）の存在を信じています。ロジャーズは人間の主体性や自己実現といった肯定的な側面を重視する人間性心理学の立場から悩みや問題をとらえていました。

　来談者中心療法の基本的な考え方は、相談者の話に耳を傾け、相談者自身が悩みや問題をどのように理解し、どのように向きあって生きていきたいか真剣に取り組んでさえすれば自己洞察が進み、自他に対する無条件の肯定的配慮（受容）が機能すると考えています。カウンセラーの専門的知識や治療的なかかわりを必要とすることなく、健康な人間として自己実現に向かって成長していくことができるということです。

第3節　受容的な態度で話を聴く

　児童生徒は悩みや問題を抱えていても、いつも教師に相談したいと思っているとはかぎりません。廊下での立ち話や短い休み時間であっても積極的に声をかけていくことが大切です。この際、周囲の児童生徒に悩みがあること、相談していることを知られないように注意深く声をかけなくてはなりません。

授業以外の時間にも児童生徒の様子を注意深く見守り、信頼関係が築けていることが大切です。信頼できる人には心を開き、自分の悩みや気持ちを素直に打ち明けてくれます。信頼関係を築く有効な話の聴き方が**傾聴**（アクティブリスニング）です。児童生徒は気持ちを受け止めてもらい、理解してもらうことで自分の気持ちに向きあい、考えながら話をすることで問題を整理することができます。

　傾聴の姿勢では話の内容を理解することも大切ですが、観察を通して得られる情報の理解も大切なのです。相談中の①目の動きやアイコンタクト（相談中に目が合わない、うつむいたまま話をするなど）、②表情の変化（辛い話を笑いながら話す、表情が硬いなど）、③声の大きさや言葉づかい（か細く元気がない、教師を信頼して打ち解けた様子）、④話す態度（教師に対する依存的な態度や反抗的な態度）、⑤服装や身だしなみ（清潔さや臭いなど家庭環境や学外の生活が想像できる）、など日頃の様子と比較することも重要です。

　話の聴き方は受容的な態度を保ち、相手の話を否定や批判せず、感情に**共感**を示します。たとえば、イライラして同級生に暴力をふるってしまった場合には不適切な言動を受容・肯定するのではなく、暴力をふるうまでに至ったその辛さや苦しさを受け止めることが大切です。相手の話に対して、うなずきや相づちなどを示しながら話しやすい雰囲気を作り、大切なキーワードや感情をくり返し、話を整理するために要点を短くまとめて伝えることが重要です。

第4節 : 話を引き出す工夫

　傾聴は相談者が中心となって話をすることが原則のため、相手のペースを大切にして、無理に話すように促さずに待つことも必要です。また、相手を理解しようと話を先回りしたり、解釈や評価を決めつけたりもしません。自然な形で話を引き出すために、次にあげる技法を用いて共感的な理解を示す必要があります。

（1）うなずきと相づち

　相手に話を聞いている、理解していることを示す第一の反応は**うなずきと相づち**です。非言語的な行動だけではなく、「はい」や「なるほど」といった言語的な反応を示すことで下を向いたまま話をする児童生徒にも理解を示すことができます。また楽しい話題の時には微笑んだり（つられ笑いには注意すること）、辛く悲しい時には悲しい困った顔をしたり、驚くような話を聴いた時にはびっくりするなど、児童生徒が示す同じ表情を教師も一緒に少し大袈裟に示すと良いと思われます。

（2）くり返しと感情の反射

　児童生徒自身に自分が話した内容を受け止め、考えを深めてもらう第二の反応は**くり返し**と**感情の反射**です。児童生徒が話した大切な内容やキーワードとなる単語を短い文章でくり返します。とくに気持ちや感情を表す言葉を見逃してはなりません。児童生徒の感情に焦点を合わせること（言語化）で教師に自分の気持ちをわかってもらえた安心感が生まれます。「寂しかったんだね」と感情を反射することで客観的な立場から自分の気持ちを観察することができます。児童生徒が感情を表わさない場合には、「今、話してどんな気持ちですか」と無理のない範囲で質問してみることもできます。

（3）確認と要約

　教師は児童生徒の話を常に理解しているとはかぎりません。知らないことが話された時や理解が不十分な時には、彼らに詳しく説明をしてもらったり、「それは……良いですか、ということですか」と確認したりする必要があります。わかったつもりでいることで話に食い違いが生まれ、児童生徒の信頼を失う原因になります。子供たちの話を正しく理解したいという気持ちを示しつつ、話を素直な態度で聴くことが大切です。

　また、確認や質問の機会を与えないほど一方的に話をする児童生徒や、話の内容がまとまらず、同じ話をくり返す場合、話題があれこれ飛ぶような時には、

無理に話を遮らずに落ち着くまで話に耳を傾け、「今の話を整理すると……ということですね」と話を要約してあげるとよいでしょう。教師にわかってほしい気持ちが強く、言いたいことがたくさんあって、自分でも何が重要なのかがわからなくなっている場合も多いのです。話した内容を一つひとつ確認しながら、順に辿ることでお互い誤解をせずに話を整理することができます。

（4）質　　問

　来談者中心療法では、カウンセリングのなかで相談者がカウンセラーに対して質問をしてきた場合、積極的には回答せずに質問せずにはいられない気持ちを受容し、反射することが望ましいのです。答えを与えてしまうと自分の力で問題解決することを避けたり、他人の力に任せたりすることになり、代わりに決断してほしいという依存心を高めてしまいます。しかし、相談者自身が回答を見出せず、さらに教えることが相談者の利益になり、個人の成長を妨げるものにならないと思われる場合には教育・指導的な態度で回答することもあります。

　一方、相談者の話を引き出すために相談者に質問をすることも効果的です。質問は相談者にとって、自分の話に関心をもっていることを確認することができるかかわりなのです。また質問を通して、これまで自分では気がつかなかった問題のあらたな面に気がつくことができます。

　質問の仕方には、**閉じた質問**と**開かれた質問**の２種類があります。閉じた質問とは、「はい」または「いいえ」で回答することができる質問です（例：「Aさんは誰かにイジメられていますか」）。閉じた質問は容易に回答できるため、相談者への侵襲と負担が少ないという利点がありますが、質問した内容以外の回答が期待できないという欠点もあります。

　開かれた質問とは「いつ」「何が」「どうして」など、はいまたはいいえでは回答ができない質問の仕方です（例：「Aさんはどんな風にイジメられているのですか」）。閉じた質問に比べて回答を考える負担が大きいですが、回答からさらに話を深めることができます。

学校カウンセリングでは、相談の動機が低い児童生徒や教師から面接を設定する相談も多く、話が継続しない場合があります。話が続かない児童生徒との面接では、十分な関係性が形成されるまでは閉じた質問を中心に進め、自発的な発言が見られるようになってきてから開かれた質問に移行していくとよいでしょう。

（5）沈　　黙

　話の途中でお互いが話すことがなくなり、沈黙が起こることは珍しくありません。**沈黙**には大きく３つの理由が考えられます。第一は考えている意味のある沈黙です。質問など、直前の話から考えを巡らせる時間が必要になり、自分の内面で対話が始まっている状態です。質問に対する回答を考えるために沈黙しているのです。この場合、教師は考える機会を邪魔することなく、児童生徒が話を始めるまでじっくり待つ必要があります。未熟な教師は沈黙が気まずくなり、自分から話し始めるミスを犯してしまいやすいのです。

　第二は気まずい意味のない沈黙です。話が一段落してしまい、お互いが話すことがなくなり、相手が話し始めるのを待っている状態です。この場合には、話の聴き手である教師から沈黙を破ると良いでしょう。最後に話していた話題や内容をくり返して、相手の発言を待ちます。

　第三の沈黙は話すことへの抵抗です。たとえば自分にはカウンセリングが必要ないと考えている場合、教師との信頼関係が形成されていない場合などがあげられます。この場合には自分の内面を知られたくない、話したくないと考えていますので、上述した閉じた質問を用いるなど、解決や結論を急がずにゆっくり時間をかけて話を進めると良いでしょう。面接を早めに打ち切り、次の機会につなげる工夫をすることも大切です。また、面接では思ったことは何でも話して良いこと、話してはいけないことはないことを伝えておくことも大切です。

　【実習】 二人組を作って、傾聴の実践をしてみましょう（5分間）。

教師役と児童生徒役に分かれて、両方の役割を体験してみましょう。教師役は児童生徒役の話に耳を傾け、温かい雰囲気と受容的な態度で共感するように心がけます。話の内容（テーマ）を事前に決めておいて、選んで話すと良い（例：イジメや不登校、学業不振など）。

第5節　学校カウンセリングの環境と雰囲気づくり

　教師に相談をしても、解決にならないと考える生徒がいます。教師は日頃から生徒一人ひとりの特徴を理解しながら関係づくりに努め、いざと言う時の頼れる存在であることが期待されます。また、どんなに小さなことでも話をしてほしいという姿勢を伝え、教師自身もこころを開いている必要があります。クラスに問題が少ない、相談に乗るのが上手な教師は、日頃の何気ない会話から児童生徒の悩みや問題を見つけ、深刻化する前の早い段階から児童生徒の変化を観察しています。反対にクラスに問題が多い教師は、授業が忙しい、仕事が山積みであることを理由にして、児童生徒に積極的な関心を示さず、問題解決的な学校カウンセリングしか行いません。

　またカウンセリングを実施する際には相談の環境や雰囲気づくりにも気を配ることが大切です。記録を取ることに集中して、話をする児童生徒の非言語的なメッセージを見逃してはいけません。相談の内容以外にも、生徒の問題を理解する情報は数多くあります。前述したように表情や視線の向き、態度や身振りなどからさまざまな情報が得られますので、それらを観察するために座り方も工夫します（図4-2）。

　カウンセリングする際には座わり方と距離に気を配る必要があります。一般的には教師と児童生徒が向かいあって座わる対面式です。様子を観察しやすい反面、お互いを直視するためにカ

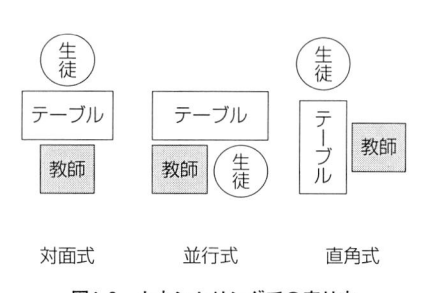

対面式　　　並行式　　　直角式

図4-2　カウンセリングでの座り方

ウンセリングの初期では緊張することが多いといえます。対面式のカウンセリングでは、テーブルなどを挟んで適当な距離をとると良いでしょう。一方、二人が横並びで座る場合には緊張感が生まれにくいといわれています（並行式）。視線も交わりにくいため、観察をあまり必要としない教育的なカウンセリングには最適です。対面式と並行式の中間が、テーブルなどの角を利用して二人が斜めに座る直角式です。

第6節　多様な教育相談の展開

　図4-1で示したように教師が行う児童生徒へのかかわりは教育以外にも指導や相談と多岐にわたります。また、全員が定型発達をしているとはかぎらず、心理社会的または生物学的に問題を抱える児童生徒（発達障害や知的能力障害など）への特別支援も少なくありません。

　さらに児童生徒を支える保護者の対応にも頭を抱える教師がいます。学校に対して理不尽な無理難題を要求する保護者（モンスターペアレント）との信頼関係を築くための教師の態度として、①保護者の働きかけに対してねぎらい受け止める、②無理難題にはどのようなサインが含まれているか丁寧に聴き取る、③悩みや要望を一緒に考えながら励ます、④学校と家庭ができること、できないことを考える、⑤無理難題は一人で抱え込まずに管理職などと相談する、⑥課題の解決ばかりに目を向けず、児童生徒の成長を信じる、⑦学内だけではなく、学外の資源を活かした支援ネットワークを挙げている（春日井・伊藤，2011）。

（佐藤　哲康）

〈参考・引用文献〉
春日井敏之・伊藤美奈子（編）　2011　よくわかる教育相談　ミネルヴァ書房
文部科学省　2008　中学校学習指導要領解説 特別活動編　東山書房
文部科学省　2011　生徒指導提要　教育図書

〈読者のための読書案内〉

*向後礼子・山本智子『ロールプレイで学ぶ 教育相談ワークブック——子どもの育ちを支える』ミネルヴァ書房、2014年：カウンセリング技術の向上は体験に勝るものはありません。これから教壇に立つ読者にとって、事例やワークから多くの対応を学ぶことができる一冊です。

*春日井敏之・伊藤美奈子（編）『よくわかる教育相談』ミネルヴァ書房、2011年：トピックが見開き2ページにまとめられ、昨今の学校・教育現場の諸問題とその対応について概観できます。カウンセリングの諸技法も充実しているだけでなく、近接領域であるソーシャルワークとの連携も述べられています。

*アイビイ，アレン・E.『マイクロカウンセリング——"学ぶ-使う-教える"技法の統合：その理論と実際』川島書店、1985年：マイクロカウンセリングは初学者向けに開発されたトレーニングプログラムで技法を一つひとつ積み上げて習得することができることが特徴です。包括的なモデルとして、教育相談に大切な習得課題を確認できます。

5

教育相談におけるアセスメント

　教育相談で行うアセスメントとは、何をどうすることなのでしょうか。『生徒指導提要』（文部科学省，2010）には、「『見たて』とも言われ、解決すべき問題や課題のある事例（事象）の家族や地域、関係者などの情報から、なぜそのような状態に至ったのか、児童生徒の示す行動の背景や要因を、情報を収集して系統的に分析し、明らかにしようとするものである。硬直している状態をいったん本人や家族の視点に立って見ることで、本人や家族のニーズを理解することもできる。アセスメントを行うに当たっては、校内で組織的対応を行うことが重要である」と書かれています。「解決すべき問題や課題のある事例」について、「そのような状態に至った行動の背景や要因を分析して明らかにしようとする」ことが教育相談で行うアセスメントです。「本人や家族のニーズを理解すること」「校内で組織的対応を行うこと」が特徴だといえます。

第1節 ┆ アセスメントのための情報収集の基本

（1）情報収集の目的

　情報収集の目的について整理してみましょう。情報収集を行う理由は、「的確な児童生徒理解に基づいて教育相談・生徒指導を行うため」です。教員が情報を収集する方法として、①児童生徒から、必要な情報を直接収集する、②他の連携先（学内の他の教員、養護教諭、保護者、地域、異種学校の教員、病院の医師、警察官など）から、必要な情報を収集する、に大別できます。生徒指導提要（文部科学省，2011）には、児童生徒から直接資料を収集する主な方法として、①観察法、②面接法、③質問紙調査法、④検査法、⑤作品法、⑥事例研究法、があげられています。

2003年に施行された個人情報保護法により、学校現場でも児童生徒についての資料の収集や取り扱いについて細心の注意を払う必要が生じていますが、児童生徒の情報を整理し、深く理解することで、児童生徒の自己実現を支えることが可能になります。

（2）把握理解すべき内容

　生徒指導において、把握理解することが求められている項目として、①身体的能力、知能、学力などの能力の側面、②性格、興味、要求、悩みなどの心理的側面、③交友関係、家庭環境を中心とした環境の側面、④就寝時間や朝食摂取、日常的なスポーツ活動などの基本的生活習慣、⑤家庭や地域での人間関係、⑥日常的な自然体験や直接体験の有無、⑦情報メディアへの接触状況など、といったものがあげられます。①〜③は学校現場で情報収集ができる要素が大きいものです。保護者などから、④〜⑦といった情報も得られると、より深く児童生徒を知ることができるでしょう。日々の業務などを通じて教員が教育相談・生徒指導に必要であると感じた事項を記録として残しておき、必要に応じて整理することが大切です。日々の業務は多忙ですが、気になったことをメモとして残しておくことを習慣づけるとよいでしょう。

第2節 ： アセスメントの基本

（1）心理教育的アセスメント

　アセスメントを組み立てるのは、ジグソーパズルの組み立て方に似ています。順番に組み立てていくというよりは、あたりをつけて、理解できる部分から取り組んで、全体を組み立てるのです。心理教育的アセスメントは、主に行動観察、面接、心理検査といった情報をもとに組み立てていきます。

①行動観察

　個別的理解の促進を目的とするもので、児童生徒一人ひとりについて、心身の健康状態を丁寧に観察します。学校保健安全法でも、健康観察があらたに位

置づけられています。

　学校生活のすべてが観察の場になります。教員が児童生徒を観察するポイントとして、言語的な側面だけではなく、表情や姿勢、歩き方といった非言語的な側面や教員が話しかけた時にどのように応じるか、友人とどのように関わっているかといった社会的側面、会話をした時に気持ちが通じるかといった情緒的側面についての資料を収集します。

　観察者自身が児童生徒に対してどう思うか、あるいは児童生徒の様子をどのように感じたかということも重要な資料となります。複数の観察者で観察を行い、観察したことをまとめて、教職員同士、あるいは必要に応じて保護者や関係諸機関と情報共有をすることも大切です。

　児童生徒の多様な側面を矛盾ととらえるのではなく、1人の人間の諸側面としてとらえて、観察を続けていくことが大切です。行動観察は対人支援の基本です。児童生徒のことがわからないと思った時は、観察に立ち戻ることで援助のきっかけを得ることがあります。

②面　　接

　直接的に関わらないで情報を集める方法が行動観察だとするならば、直接的に関わって、主に会話を通じて情報を集める方法が面接だといえます。漠然と話を聴いてしまうと漠然とした情報しか集まりません。どのような情報が必要であるかを考えて面接に臨むことが重要です。

　児童生徒との面接は、指導を主たる目的とする場合と、児童生徒の理解を主たる目的とする場合とに大別できます。理解を目的とする面接では、児童生徒と関わりながら、知識、要求、考え、悩み、性格などについての情報を収集することを目指します。細切れの時間で行うよりも、30分から1時間程度の時間を確保できると効果的です。児童生徒が周囲を気にせず、落ち着いて話ができる場所を用意します。教育相談室などを活用するとよいでしょう。

　面接では、面接の目的や守秘義務について児童生徒に明確に伝えます。面接の内容から、ほかの教員や親、ほかの児童生徒に情報を提供する必要があると判断した場合には可能なかぎり本人の了解を得ることが望まれます。了解をと

ることが困難な場合でも、情報を開示する必要があることはきちんと本人に伝えた方がよいと考えます。こうした心構えが、児童生徒を尊重するという態度につながります。

面接の内容によっては、受容的に傾聴しにくく、指導・助言したくなる場合もあるでしょう。指導・助言を優先させたいこともあると思いますが、関係性を構築するためには、共感的な態度で話を聴くことが大切です。

③心 理 検 査

標準化された検査を用いて、児童生徒の能力、性格、障害などを把握することを目的とするものです。主な心理検査として、知能検査、人格検査、神経心理学検査、学力検査などがあります。最近は発達障害特性や日常生活の適応状態を明らかにする検査も開発されています。結果が数値で表されるため、個人や集団の特性や問題状況の把握に広く用いることができます。心理検査の結果を過大視するのではなく、多くの資料のなかの1つととらえて、他の資料と併せて児童生徒を理解することが大切です。目の前の児童生徒の状態像と心理検査の結果とを照合して、総合的に判断することを忘れてはなりません。

検査目的に応じて適切な心理検査を組みあわせて用いると、行動観察や面接で知る以上の情報が得られることが期待できます。複数の心理検査を組みあわせて実施することを「テスト・バッテリーを組む」といいます。テスト・バッテリーを組むことで、個々の心理検査の欠点を補って、クライエントを多面的に理解することができます。心理検査は非常に強力なツールですが、同時に被検査者にストレスを与えるものでもあることを考慮し、適切な心理検査を選択する必要があります。心理検査の全体像をイメージするためには、松原（2013）や小山（2008）といった書籍を参考にしてください。

（2）生態学的アセスメント

児童生徒を取り巻く環境を図示しておくと理解に役立ちます。家族関係を図示したものが「ジェノグラム（genogram）」で、社会的資源を図示したものが「エコマップ（ecomap）」です。

ジェノグラムは、被援助者の家族関係を理解するために作成される図です。主に家族療法において発展を遂げてきました。エコマップは、被援助者を中心として、その周辺にある社会的資源（家族、友人、近隣住民、主治医、関連機関など）との関係性をネットワークとして表現した図のことで、生態地図とも呼ばれます。1975年にハートマン（Hartman, A.）が考案したものです。

（3）学級集団のアセスメント

学校現場では個人に焦点を合わせることが多くなりますが、学級集団のアセスメントという視点も重要です。複数の手法が開発されていますが、集団を理解する方法である「**ソシオメトリックテスト**（sociometric test）」と「たのしい学校生活を送るためのアンケート **Q-U**：QUESTIONNAIRE—UTILITIES」について紹介します。

ソシオメトリックテストとは、サイコドラマの創始者であるモレノ（Moreno, J. L.）が創始した集団の構成員の関係性をみる技法の1つです。一定の基準を設けてメンバーを相互に選択させます。たとえば、一緒に何かをしたい人／できれば一緒にしたくない人のように、プラスの感情を抱いているメンバーとマイナスの感情を抱いているメンバーを数名ずつ指名させます。結果を整理することで、メンバー相互の感情的結合として「魅力」と「排斥」に基づく、ソシオメトリック構造が明らかになります。集団全体の構造あるいは組織化の程度を測定・診断することで、集団を改善する手がかりを得ることも可能です。

Q-U は、河村茂雄が開発した標準化された心理検査です。児童生徒たちの学級生活の満足度と、学級生活の領域別の意欲・充実感を測定し、不登校やいじめ被害などの可能性のあるものを発見することが可能です。

（4）学校風土のアセスメント

学級よりも、もっと大きな枠組みである「学校そのもの」をアセスメントする視点が、学校風土のアセスメントです。都心と郊外、新興と既成といった区分だけでなく、同一地域でもスクールカウンセラーが活用されやすい学校もあ

れば、活用されにくい学校もあります。単に善し悪しを議論するのではなく、このような学校風土の違いを明らかにして、児童生徒の援助に役立てようとする視点だともいえます。

（5）保護者のアセスメント

教育相談を考える際に、保護者との連携は必要不可欠です。保護者のアセスメントについてまとめておきます。

保護者のメンタルヘルスが児童生徒のメンタルヘルスに影響を与えているということに異論がある方はいないでしょう。保護者自身が育児ストレスや介護ストレスといったストレスにさらされているかどうかについて可能な範囲で把握しておくことも大切です。子供が障害などを告知されている場合、**障害受容**について理解しておく必要があります。障害受容については、中田（1995）が参考になります。障害受容の過程を段階ではなく、肯定と否定の両面をもつ螺旋状の過程と考えることができると、保護者が現実を認識できず障害を受容できない状態に陥ることがあるということに対する理解が深まります。また、保護者のメンタルヘルス、とくに気分障害が疑われるものや発達障害特性について学んでおくと、保護者とのかかわり方が少しスムースになります。

第3節 児童生徒の心理アセスメントの基本

（1）児童生徒の心理アセスメント

児童生徒の心理アセスメントを大別すると、能力検査とパーソナリティ検査に分けられます。能力検査は、知能検査・発達検査・認知面の心理検査、パーソナリティ検査は、質問紙検査・投映法検査で調べることができます。

たとえば、発達障害が疑われる場合は、知能検査や発達検査を用いて能力や情報処理特性を明らかにします。情緒障害が疑われる場合は、投映法のなかでもとくに描画法といった、子供の内的世界を深く知ることのできる心理検査を選択します。

児童期の心理アセスメントには、発達障害の把握という観点が必要不可欠になってきています。発達障害特性を有する子供は、成長過程のなかで感情障害や強迫性障害、不安障害などを合併するという指摘があります。辻井（2014）は、感情障害や強迫性障害の背景に発達障害がみられることを指摘し、児童期の心理アセスメントでは、発達障害という視点を有していることが大切であると述べています。

　発達障害特性を把握することが優先される理由は、近年、発達障害特性を抱えている子供が増えていることに加え、発達障害特性に沿った介入方法がある程度は確立しているからです。発達障害特性を有している子供たちに必要な支援は、心理アセスメント情報から「今どのようなことにつまずいているのか」「問題を乗り越えるにはどうしたらよいか」を明らかにし、「どうすればよいのか」という方向性を示し、「具体的に何をしたらよいか」をスキルとして教えることが大切です。現状を整理して、今後の方向性を示して、スキルとして教えることまでが求められるのです。

（2）心理療法モデルと発達支援モデル

　心理アセスメントには、**心理療法モデル**と**発達支援モデル**という2つのモデルがあることを明翫（2015）は指摘しています。心理療法モデルでは、児童生徒の内的な世界の理解を深めていくことが中心になりますが、発達支援モデルでは、児童生徒の認知の特異性とその特性に合った対応を理解し、現在の生活と結びつくような適応行動を支援します。

　心理療法モデルと発達支援モデルに共通するアセスメントとして、①障害特性のアセスメント、②全般的な知的発達水準のアセスメント、③日常生活のアセスメント、があげられます。心理療法モデルの場合は、①適応状態のアセスメント、②情緒のアセスメント、③見たてに基づいた心理療法の実施と結果のアセスメント、という観点から、発達支援モデルの場合は、①適応行動の妨害要因のアセスメント、②個別支援計画の策定と実施と結果のアセスメント、という観点から総合的に支援を組み立てていくと良いでしょう。

第4節　児童生徒の不適応問題をアセスメントする

（1）心理環境的原因と発達障害的原因

　児童生徒の**不適応問題**を考える際に、①心理環境的原因が背後にあるもの、②発達障害的原因が背後にあるもの、という2つの観点からアセスメントを行うと効果的です。

　心理環境的原因とは、親子関係や友人関係、教員との人間関係といった人間関係に起因する心理的原因と家庭環境の急激な変化といった環境的原因から、心理的なメカニズムによって問題が生じる場合です。心理環境的原因は行動観察、家庭状況の把握、親子関係や兄弟姉妹関係の把握、生育歴の検討などによって明らかになります。

　近年は、発達障害が背景に想定される事案も少なくありません。発達障害的原因は、学校現場で注目されている発達的な未熟さや、知的障害（MD）、学習障害（LD）、注意欠陥多動性障害（ADHD）、広汎性発達障害（PDD）、アスペルガー症候群（ASD）といった発達障害の二次障害として心理的問題が出現する場合もあります。児童虐待などで、発達障害を疑われる様相を示すこともありますので、丁寧に情報を収集する必要があります。

　発達障害的原因の有無は、医師の診断を得ることが必要です。具体的な発達状況は、知能検査や発達検査によって調べることが可能です。こうした不適応問題は、1人で抱え込まずに、同僚や教育相談担当教員、特別支援教育コーディネーター、スクールカウンセラーなどと話しあいながら検討していくと良いでしょう。方針を検討するために、ケース会議（事例検討会）を開くことも大切です。

第5節　学校心理学の観点からアセスメントする

（1）学校心理学と「チーム学校」

　石隈（1999）によると、学校心理学とは「学校教育において一人ひとりの子

どもが学習面、心理・社会面、進路面、健康面などにおける課題の取り組みの過程で出会う問題状況の解決を援助し、子どもの成長を促進する『心理教育的援助サービス』の理論と実践を支える学問体系」です。心理教育的援助サービスの対象は、すべての子供です。心理教育的援助サービスは、教師やスクールカウンセラーなどからなる**チーム学校**が家庭・地域との連携で進めます。

　学校心理学では、全ての子供を対象とする一次的援助サービス、一部の子供を対象とする二次的援助サービス、特定の子供を対象とする三次的援助サービスの３段階の援助サービスを想定しています。一次的援助サービスは「開発的援助」、二次的援助サービスは「予防的援助」、三次的援助サービスは「個別的援助」だといってもよいでしょう。

　学校心理学の観点を有していると、個別の事例を予防的にも開発的にも活用できるという利点があります。2015年に公布された公認心理師法で定められている**公認心理師**でも、「チーム学校」という観点は強調されています。今後の教育相談を考える際に、「チーム学校」という観点は必要不可欠だといって良いでしょう。

（大島　朗生）

〈引用・参考文献〉

石隈利紀　1999　学校心理学——教師・スクールカウンセラー・保護者のチームによる心理教育的援助サービス——　誠信書房

松原達哉（編）　2013　臨床心理アセスメント　新訂版　丸善出版

文部科学省　2011　生徒指導提要　教育図書

明翫光宜　2015　児童期（教育場面）　高橋依子・津川律子（編）　臨床心理検査バッテリーの実際　遠見書房　pp.59-71.

中田洋二郎　1995　親の障害の認識と受容に関する考察——受容の段階説と慢性的悲哀——　早稲田心理学年報　27　pp.83-92.

小山充道（編）　2008　必携　臨床心理アセスメント　金剛出版

辻井正次　2014　現実の子どもの臨床問題の中での発達障害の位置づけの再検討　子どもの心と学校臨床　10　遠見書房　pp.3-12.

〈読者のための読書案内〉

＊藤田哲也（監修）『絶対役立つ教育相談——学校現場の今に向き合う』ミネルヴァ書房、2017年：多様な視点から、多面的に子供たちを見ることの重要性について、理論と実践からバランスよく書かれている良書です。

＊伊藤亜矢子（編）『子どもの心と学校臨床　第18号：特集　学校のアセスメント入門』遠見書房、2018年：学校臨床を標榜している雑誌で、学校のアセスメントについて特集した１冊です。編著者の伊藤先生は学校風土を測定する「学級風土尺度（Classroom Climate Inventory)」を開発されています。

＊日本学校心理学会（編）『学校心理学ハンドブック　第２版　「チーム」学校の充実をめざして』教育出版、2016年：日本学校心理学会が編集しているハンドブックの第２版です。学校心理学の全体像を俯瞰し、「チーム学校」について理解が深まります。

幼児期の発達課題と教育相談

6

学校としての幼稚園で、幼児は遊びを中心とした生活をしています。みなさんはこの時期どのような遊びが好きでしたでしょうか。本来遊びとは、自発的に行われ、その行動を楽しむこと自体が目的になっている活動を指します。自分の意思で、興味や関心をもったことをするのが遊びです。「子供は遊びが仕事」という表現は、人の発達における幼児期の遊びの大切さをうまく表した言葉です。本章では、幼児期後期の発達特性、幼稚園教育の基本的な考え方にふれながら、この時期の教育相談のあり方について理解を深めます。

第1節　幼児期の教育相談の意義

（1）学校制度と幼児期の教育

　幼児期（後期）の子供は幼稚園、もしくは保育所に通い、児童期の子供は小学校に通います。幼稚園は学校教育法により学校と定められており、保育所は児童福祉法の定めにより児童福祉施設であるため学校ではありませんが、保育所における保育は養護と教育の両側面から成り立っており、教育の部分、とくに3歳児以上の教育については幼稚園との整合性が図られています。

　また、多くの幼児が幼稚園か保育所に通っている現状があります。つまり、大部分の幼児が就学前に集団生活のなかで教育を受けてから、小学校に入学するといえます。本章では学校としての幼稚園に注目して、幼児期の教育相談について考えていきます。

（2）幼稚園教育と『生徒指導提要』

　小学校から高等学校段階までの生徒指導の理論、考え方や指導方法については『生徒指導提要』に示されています。このなかで教育相談については「児童生徒の発達に即して、好ましい人間関係を育て、生活によく適応させ、自己理解を深めさせ、人格の成長への援助を図るもの」としています。

　幼稚園の教育については『**幼稚園教育要領**』（文部科学省，2017）に示されています。『幼稚園教育要領』では、幼稚園教育の基本的な考え方として幼児一人ひとりの特性に応じ、発達の課題に即した指導を行うこと、幼児の主体的な活動を促し幼児期にふさわしい生活が展開されることが重視されています。また、後節で述べるように、人と関わる力を養うための領域も置かれています。そもそも幼児期の教育の目的は人格形成の基礎を培うものです。このように、幼稚園教育の考え方の根本が、小学校段階以降の教育相談の考え方そのものともいえます。幼稚園の教師は、幼児一人ひとりとの信頼関係を形成し、その上で日々の生活や遊びを通した総合的な指導や援助を行います。

 第2節　幼児期の教育の特徴

（1）幼稚園教育の目的および保育内容

　幼稚園教育の目的については、学校教育法第22条に「幼稚園は、義務教育及びその後の教育の基礎を培うものとして、幼児を保育し、幼児の健やかな成長のために適当な環境を与えて、その心身の発達を助長することを目的とする」と定められています。さらに、幼稚園教育の教育課程や保育内容については学校教育法施行規則第38条に「幼稚園の教育課程その他の保育内容については、この章に定めるもののほか、教育課程その他の保育内容の基準として文部科学大臣が別に公示する幼稚園教育要領によるものとする」とあり、幼稚園では要領に沿った教育が行われています。

（2）「領域」による教育

　『幼稚園教育要領』に示されている通り、幼稚園では、小学校以上の教科等による指導とは異なり幼児の発達特性をふまえた上で以下の5領域による教育が行われています。

　①領域「健康」：健康な心と体を育て、自ら健康で安全な生活を作り出す力を養う。

　②領域「人間関係」：他の人々と親しみ、支えあって生活するために、自立心を育て、人と関わる力を養う。

　③領域「環境」：周囲の様々な環境に好奇心や探求心をもって関わり、それらを生活に取り入れていこうとする力を養う。

　④領域「言葉」：経験したことや考えたことなどを自分なりの言葉で表現し、相手の話す言葉を聞こうとする意欲や態度を育て、言葉に対する感覚や言葉で表現する力を養う。

　⑤領域「表現」：感じたことや考えたことを自分なりに表現することを通して、豊かな感性や表現する力を養い、創造性を豊かにする。

（3）幼稚園において育みたい資質・能力

　各領域では、幼稚園教育において育みたい資質・能力を「ねらい」として、また、ねらいを達成するために指導すべき事項を「内容」として示しています。教科指導による教育と大きく異なる点は、各領域のねらいは園生活全般を通して相互に関連をもたせながら達成に向かうことにあります。たとえば、遊びの例として鬼ごっこを考えてみましょう。この遊びでは身体を動かす楽しさ、ルールや決まり、コミュニケーションに関連した経験や学び等、複数の領域の観点からの指導や援助が行われます。

　また、2017年に告示されたあらたな『幼稚園教育要領』は、幼稚園教育において育まれる幼児の姿を「幼児期の終わりまでに育ってほしい姿」として①健康な心と体、②自立心、③協同性、④道徳性・規範意識の芽生え、⑤社会生活との関わり、⑥思考力の芽生え、⑦自然との関わり・生命尊重、⑧数量や図形、

標識や文字などへの関心・感覚、⑨言葉による伝えあい、⑩豊かな感性と表現を示しています。これは、小学校教育との連続性をより明確にするためにあらたに加えられたもので、この点に従来の要領との違いがあるといえます。

　また、幼児期の教育で大切なこととして、一人ひとりの発達の特性に応じた指導を行うことがあげられます。その幼児らしい見方、考え方、感じ方などを理解し、その幼児の今の発達の課題を見出して関わっていくことが教師には求められています。

第3節　幼稚園における教育相談

（1）教育相談の種類と幼稚園教育

　教育相談が、その目的によって3タイプに分類されることは第1章に示されている通りです。ここでは、3タイプの教育相談を幼稚園教育のあり方と関連づけながら考えていきます。

①開発的（成長促進的）教育相談

　すべての子供の成長・発達を促すことを目的とした教育相談です。

　幼稚園はその目的自体が、義務教育やその後の教育の基礎を培うために幼児の心身の発達を助長することにあります。日々の保育自体が開発的（成長促進的）教育相談であるという考え方もできるのです。

②予防的教育相談

　問題を未然に防ぐことを目的とした教育相談です。

　幼児期は、たとえば身体運動機能、知的機能、言語能力、社会性などのさまざまな側面が、家庭や幼稚園生活における日々の具体的な体験を通して発達していきます。個人のなかで発達のさまざまな側面が、必ずしも均一に進むわけでもありませんし、幼児個人間において発達の差もあります。保育における幼児の姿として、たとえば、言葉で伝えるべきところをつい手が出てしまったり、遊びのルールやマナーを守らないなどの場面が見られる場合もあります。そのことが他の問題につながらないように、教師は幼児の発達の諸側面を理解しな

がらより適応的に幼稚園生活を過ごせるように配慮しつつ、場面に応じた指導・援助をします。

③問題解決的（治療的）教育相談

　子供の発達の遅れに過敏になっている保護者には、その不安を受け止めつつ、発達の個人差に気づけるように援助することが求められます。また、逆に発達上の問題が深刻である場合、他機関と連携をとった対応が必要な場合もあります。問題解決的な対応が必要になる可能性があるもののうち、主なものを以下にあげます。

a）い　じ　め

　文部科学省はいじめを、「児童生徒に対して、当該児童生徒が在籍する学校に在籍している等当該児童生徒と一定の人的関係のある他の児童生徒が行う心理的又は物理的な影響を与える行為（インターネットを通じて行われるものを含む）であって、当該行為の対象となった児童生徒が心身の苦痛を感じているもの」と定義し、毎年、国公私立の小・中・高等学校と特別支援学校を対象として発生件数についての調査を行っています（「児童生徒の問題行動・不登校等生徒指導上の諸問題に関する調査」）。幼稚園の生活のなかでも幼児相互のかかわりにおいて、相手に心身の苦痛を感じさせてしまうようなことも起こります。しかし、このことを小学校段階以上のいじめと同列に論じることはできないでしょう。多くの幼児は幼稚園ではじめての集団生活を経験します。そのなかで友だちとともに過ごす喜び、共感しあうこと、他者にしてよいこととしてはいけないこと、相手を思いやる気持ちなどを具体的な体験を通して学び始めたばかりであるからです。就学後、友だちやクラスメイトとの望ましいかかわり方について考えていく時に、幼児期の学びはとても大きな意味をもちます。

b）不登園、登園しぶり

　幼稚園に入園する幼児の多くは、それまで家庭で親と一緒に過ごしてきたと考えられます。まず前提として、幼稚園は幼児にとって安心な場、楽しい場と感じられることが大切になります。とくに入園当初の幼児にとって、園では教師が、親に代わって幼児に安心感を与えられるような存在になることが必要に

なります。そのために、一人ひとりの幼児に対して表情や態度、声かけを通して信頼関係を形成し、幼児が安心感をもって過ごせるよう配慮することが大切です。また、靴箱やロッカーなどの自分の場所をわかりやすく工夫することも幼児にとって安心感につながります。入園当初以外の段階では、たとえば、園生活でなんらかの嫌なことがある、下のきょうだいが誕生した際の葛藤など、さまざまな原因が考えられます。いずれにしても、教師は親とも協力し、幼児の心に寄り添うような対応が求められます。

c）虐　　待

厚生労働省は、**虐待**を身体的虐待、性的虐待、ネグレクト、心理的虐待の4種類に分類し定義しています。虐待は、人格の基礎を形成している幼児期の子供にとって、将来的に深刻な影響をもたらす可能性もあり、場合によっては生命の危機に関わる問題であることを教師は自覚する必要があります。

園生活では、さまざまな活動のなかで幼児を多面的に理解していくことが求められますので、その分教師は幼児のささいな変化にも気づきやすい立場にあります。また、親の様子や親子が関わる場面を観察することも幼稚園では多いといえます。少しでも虐待が疑わしいと思われる場合、担任1人で抱え込まず園内で情報を共有し、外部関係機関への通告も含め、組織的に対応していくことが大切になります。

d）遺尿、夜尿

4歳前後になると排尿の統制は可能になります。しかし、この時期以降も漏らす場合、日中に漏らすことを遺尿といい、夜間に漏らすことを夜尿といいます。改善の方法として、罰や叱責は効果がなく、排尿の習慣化、トイレの環境調整、これらも踏まえた親への助言などが考えられます。

e）指しゃぶり、爪嚙み

手や足の指をしゃぶる、吸うという癖のことであり、幼児期にも疲労時、入眠時、退屈時などにみられます。多くは対人関係や遊びの広がりとともに減少するため問題にはなりません。しかし、その背景に幼児の強い欲求不満がみられる場合、環境調整が必要となる場合もあります。

爪噛みは、情緒的緊張や攻撃性などを解消する意味があると考えられています。保育のなかでは、その子供が安心して生活し、仲間と活発な遊びができるように配慮することが必要となります。

f）吃　　音

話す際、第一音が出ない、一部をくり返す、引き伸ばすなどの症状がみられます。本人が意識しないもの（一次性）と意識するもの（二次性）に分けられ、一次性吃音の時期に周囲のおとなが言葉のみに注目し、そのつど言い直させるなど干渉しすぎると、本人が話す際、過剰に意識し緊張は高まってしまい逆効果と考えられています。教師には、**吃音**に対する母親などの不安を軽減するような援助が求められ、本人には言葉の指導よりも、まず話そうとする気持ちを十分受け止めることが大切となります。

（2）保育をする上での「気になる子供」

「**気になる子供**」という用語については明確な定義があるわけではありませんが、一般に保育を進める上で教師が対応に苦慮する幼児に対して、教師や研究者によって用いられる用語です。教師が保育の場で気になると感じるのは、幼児の発達や適応上の観点からです。そのなかには、**学習障害**（LD）、**注意欠陥／多動性障害**（ADHD）、**高機能自閉症**などの発達障害の疑いのある幼児も含まれていると考えられます。

保育の場で実践に携わる保育者の多くが、自分のクラスや園に気になる子供がいるとする調査報告もあります（日本保育協会，2016；櫻井，2015）。さらに、その対応に難しさや負担を感じている保育者が多いこともわかっています。具体的な対応の難しさとして感じられるのは、たとえば、コミュニケーションの問題、発達上の問題、多動性、乱暴さ、情緒面などです。しかし、これらが発達障害によるものなのか環境要因によるものなのか、診断がない幼児については保育現場では判断できず、より対応に難しさを感じることでしょう。とくに発達障害のある子供についてはその障害特性に合わせた支援が必要になるため、早期発見・早期支援が大切とされています。

幼稚園に入園して集団生活を始めた段階で、発達や適応上の問題が現れることも多くあります。教師は集団のなかで個々の幼児を多面的に理解して指導・援助しながら保育を進めますので、問題にも気づきやすく個別の指導もしやすい環境にあるといえます。何よりも、集団生活のなかでさまざまな活動や友だちとのかかわりにおいて困っているのは、幼児自身であるということを心に留め、親への支援、親との連携、外部専門機関との連携も視野に入れて対応していくことが求められます。

🌱 第4節　幼児期の発達特徴

　前節までに述べた幼児期の教育や教育相談のあり方に対してより理解を深めるための前提として、本節では、幼児期後期（3〜5歳児）の主な発達特徴について概観します。

（1）身体運動機能
　1歳2、3ヵ月には一人歩きが可能となり、3歳にもなると走る、跳ぶ、階段の昇降などができるようになり、基礎的な運動能力はほぼ完成します。そしてこれらは、滑り台、鬼ごっこなどの遊びを可能にします。4歳になると園庭の端から端まで駆け回る姿も見られるほど運動量も多くなり、5歳を過ぎるとさらに運動量が増加し、全身運動の滑らかさも見られます。
　3歳になるとはさみを使い、4歳では三角形を描いたり、衣類のボタンの着脱が可能になります。5歳になると箸が上手に使え、6歳になるとさらに手の巧緻性は増し、文字を書くなど細かな動きも制御できるようになります。

（2）言葉の発達
　1歳前後に初語（有意味語）が現れ、その後語彙は徐々に増えて3歳になると1,000語程度になり、4歳で1,500語、5歳で2,500語程度に増加していきます。この頃になると、人との日常生活上のやりとりにはほとんど不自由しくなり

ます。

（3）知的発達と遊び

　ピアジェの思考の発達段階によると、２〜４歳は**象徴的思考**の段階です。

　２歳頃から象徴機能が現れるとされ、この機能に支えられて３歳頃になると見たて遊びや、ごっこ遊びがさかんにみられます。またこの時期には、これまで中心であった**平行遊び**が減少し、**連合遊び**や**協同遊び**が多くみられるようになってきます。友だちとの遊びのなかで互いのイメージを伝えあい、イメージを共有して遊びを発展させていくことが可能になります。

（4）自己主張と自己抑制

　子供が自分の行動をコントロールする力は、たとえば、自分の考えをはっきり述べる、嫌なことを「嫌」とはっきり言うなどの**自己主張**の側面と、逆に、人の意見を受け入れる、ルールを守るなどの**自己抑制**の両側面から成り立つと考えられます。これらは、集団生活をする上で大切な能力であり、また、集団生活のなかで育つ能力でもあります。

（5）規範意識・道徳性

　幼稚園では、良いことと悪いことへの幼児の気づきを促します。また、幼児自身が考えて行動することができるように、きまりの大切さに気づき、守ろうとするように指導します。幼稚園では、順番を守る、良いことと悪いことの判断、ルールに沿った行動などが求められる場面は多いため、この点の指導をしていかなければ幼児の集団生活自体が成り立ちません。

　そして年長児にもなると、友だちと一緒に行う、ルールがあり、勝ち負けのある遊びを自分たちで進め、さかんに楽しむ姿がみられます。たとえば、ドッジボール、鬼ごっこ、トランプなどです。また、当然ながらルールのある遊びでは、ルールを守ることが要求されます。これが崩れてしまうと遊び自体が成立しなくなります。つまり、このような遊びのなかでも**規範意識**は必要になる

のです。

　このように幼児期には、人と一緒に遊んだり生活をしたりする過程で、ルールやマナーの必要性についても具体的な体験を通した気づきが促されます。この具体的な体験を通した学びが、小学校の生活科、道徳、特別活動などの学びの基礎となります。

（馬場　康宏）

〈引用・参考文献〉

新井邦二郎（監修）　2017　保育者のたまごのための発達心理学［第3版］　北樹出版

福屋武人（編）　2003　幼児・児童期の教育心理学　学術図書出版社

文部科学省　2011　生徒指導提要　教育図書

文部科学省　2017　幼稚園教育要領　フレーベル館

文部科学省　2018　幼稚園教育要領解説　フレーベル館

日本保育協会　2016　保育所における障害児やいわゆる「気になる子」等の受入れ実態、障害児保育等のその支援の内容、居宅訪問型保育の利用実態に関する調査研究報告書

櫻井慶一　2015　保育所での「気になる子」の現状と「子ども・子育て支援新制度」の課題——近年における障害児政策の動向と関連して——　生活科学研究（文教大学）　第37集　pp.53-65.

〈読者のための読書案内〉

＊上野一彦（監修）『ケース別　発達障害のある子へのサポート実例集　幼稚園・保育園編』ナツメ社、2010年：保育の場で適切な指導・支援が必要な発達障害のある子どもや「気になる子」について、さまざまな日常生活上のつまずきや問題行動の具体的な場面を取り上げ、その原因、対処法、注意点、改善策、家庭で必要な配慮について丁寧に解説しています。

＊野邑健二他（監修）『幼稚園・保育園児　集団生活で気になる子どもを支える』明石書店、2016年：発達段階における幼児期後期を、幼稚園等への就園に伴い親のもとを離れて集団生活に入る時期、また、就学に向けた準備の時期という観点から、豊富な事例に基づいて支援のあり方について解説しています。

＊丸山美和子（監修）『保育現場に生かす「気になる子ども」の保育・保護者支援』かもがわ出版、2008年：気になる子供と保護者対応について、研究者や保育者をメンバーとした研究会の議論をもとに、保育実践事例やその分析などがまとめられています。

児童期の発達課題と教育相談

「9歳の壁」「10歳の壁」という言葉をご存知でしょうか。小学校4年生頃になると抽象的思考を求められる課題が増えることから、授業についていけない子、学力不振を示す子が目立ち始めるようです。一方、発達心理学の分野では、ちょうどこの頃、認知や社会性、道徳性などさまざまな領域で質的な転換が見られることが示されています。このように児童期の半ば頃というのは飛躍的に発達する時期ではあるのですが、なかにはつまずいてしまう子供たちもいるようです。こういった子供たちを支え、飛躍へと導いていくために、おとなには何ができるのでしょうか。児童期の子供たちが抱える発達課題を紐解きながら、考えてみたいと思います。

第1節　児童期という時期

　生涯発達において児童期は学齢期とも呼ばれ、小学校に入学してから卒業するまでの6年間の時期を指します。児童期のはじまりは小学校への就学です。慣れ親しんだ幼稚園・保育所を離れ、小学校への移行という大きな環境移行を経験します。校舎や通学路が変わり、あらたな先生やクラスの仲間と出会い、これまでの遊びを中心とした生活から時間割や座席など時間的にも空間的にもしっかり区切りのついた学校中心の生活へと適応していかねばなりません。なかにはこうした新しい環境への適応に苦戦する子供たちがおり、「**小1プロブレム**」として注目されるようになってきました。集団行動がとれない、授業中に座っていられない、先生の話を聞かないといった子供が近年増えているというのです。なかには学級崩壊の様相を呈するクラスもあるといいます。小学校へのスムーズな移行を行うためには、先生や仲間との関係をあらたに構築する

こと、学校・学級の習慣や規則を守ること、学習課題に適応していくことが子供たちに求められる大きな課題です。子供たちを支える周囲のおとなもまた、幼稚園・保育所・小学校間の連携が求められると同時に、乳幼児期の育ちや発達課題の遂行状況を知り、困難を抱えている子供への配慮が必要となるでしょう。

　児童期は思春期の幕開け、つまり性的な成熟をもって終わりを迎えます。近年では**発達加速現象**のため、小学校高学年くらいで身体のめまぐるしい変化を迎える子供が少なくありません。発達加速現象とは成長加速現象と成熟前傾現象の２つからなるもので、前者は親や祖父母など昔の世代と比べて身長や体重の伸びが大きく、早くなっている現象です。後者は性的な成熟が前倒しされるというもので、女子では月経開始時期が低年齢化しています。とくに女子は思春期スパートと呼ばれる成長期が男子よりも早いことから、高学年女子は思春期の身体の変化を経験し、その変化を受容するという発達課題を抱えているといえるでしょう。比較的安定した時期といわれる児童期ですが、高学年にあっては児童期というよりも思春期の入り口に立っていると考えた方がよさそうです。

🌱 第２節 ｜ 児童期の発達課題

　エリクソン（Erikson, E. H.）（小比木編訳，1973）は人生を８つの時期に区分し、各時期に達成しなければならない発達課題を設定しています。児童期の発達課題は「**勤勉性**」対「**劣等感**」です。エリクソンは児童期には「勤勉性」を獲得することが重要であり、それが達成されなければ「劣等感」が形成されてしまうと考えました。勤勉性は仕事や勉強などに一生懸命取り組み、コツコツ努力していくという意味があります。体系的な学校教育を通して知識や技能を、仲間関係を通して社会的スキル、道徳性、性役割を習得していきます。社会に出ていくために必要な技能を身につけるため、一生懸命に関わるプロセスを指していると考えてよいでしょう。また単に学校の勉強を通して知識を増やしていくだけではありません。手や道具を使った仕事（家庭でいえばお手伝いなど）に取り組むことも大切です。

このように児童期は、学校生活や家庭生活、仲間関係でのやりとりを通して頑張って結果を出すことが喜びとなる時期です。一方で勤勉性の獲得がうまく進まない場合、対立概念である「劣等感」に苛まれることになります。とくに中学年、高学年と学年が進むにつれ、だんだんと学習内容や求められる対人関係スキルも高度になっていきます。テストをはじめ競争的な場面も増え、他者と比べられる機会も増えてきます。そういったなかで失敗経験が重なると「自分はできない子だ」「○○ちゃんは上手なのに自分はダメだ」と劣等感を感じやすくなります。子供たちが自信を失わずに、勤勉性を獲得できるよう支援していくかかわりがいっそう重要になる時期といえるでしょう。

第3節　児童期の自己の発達

　前節では児童期の心理社会的危機として劣等感にふれました。児童期の子供たちは自分自身をどのように認識し、評価するのでしょうか。自己概念や自己評価の発達について見てみましょう。

　幼児期の自己概念は所有感（「○○をもっている」）や有能感（「○○ができる」）を中心としています。また自己を描写する際に、身体的特徴や年齢、持ち物などごく表面的なものをあげます（岩熊・槙田, 1991）。幼児期の自己概念は単純であり、現実よりもむしろ理想に近いポジティブな自己評価をします。しかし、児童期になってくると自己概念はより内面的な特徴が含まれるようになり自分についてさまざまな側面からとらえられるようになってきます。デーモンとハート（Damon & Hart, 1988）によれば、児童期中期になると、「人より背が高い」「他の子より絵が上手」「人より頭が悪い」「先生に褒められる」というように他者との比較や他者からの評価といった観点から自己を理解するようになります。また、5歳児、小学校2年生、4年生に自己評価を尋ねたところ、年齢が上がるにつれて「好き」「良い」などの肯定のみの回答が減少し、良い悪いという両面から自分をとらえる子供が増え、さらには否定的側面のみをあげる子供も増加します（佐久間・遠藤・無藤, 2000）。

ここから小学校の中高学年になってくると自己を否定的にみる向きが強くなってくることがうかがえます。なぜ年齢とともに自己評価は低下していくのでしょうか。理由は2つあります。1つ目に**社会的比較**を積極的に行うようになるからです。社会的比較とは自分と似た他者、すなわち近しい友人と自分を比べるという意味です。小学校に入学すると、テストの得点やかけっこの順位など客観的な基準を用いてほかの子供と比べられたり、比べあったりする機会が増えてきます。そのなかで子供たちは「○○ちゃんと比べてこういうところが得意だけれど、ここは劣っている」とより複雑で客観的な自己概念を獲得していきます。2つ目に高学年になるにつれ、認知的な能力が伸びてくるため、幼児期の万能感を抜け出し、自己を客観視する力が養われていくからです。自己を正確に見る目が発達するからこそ、自己の否定的な側面にも目を向けざるをえなくなってくるといえます。

　この時期に自分の劣った面や嫌な面が見えてきて自己評価が低下するのは発達的には自然なことかもしれませんが、過度の劣等感は精神的健康や意欲の観点からも望ましいことではありません。自分らしさや自分なりの良さを認識して自尊心や自己肯定感を養うことも大切な発達課題といえるでしょう。周囲のおとなは子供が自分の強みに注目できるような声かけをしていきたいものです。

第4節　児童期の認知の発達

　子供たちは学校教育を通して思考力を発達させていき、質的に大きく転換する時期を迎えます。**ピアジェ**（Piaget, J.）の**認知発達段階理論**によれば、児童期はおおむね「**具体的操作期**」と呼ばれる時期にあたります。ここでの「操作」とは「論理的に思考する」ことを指しており、児童期では具体的な事象に関して論理的に思考できるようになっていくことを意味します。

　小学校低学年ではこのような論理的思考が始まり、幼児期には難しかった**保存**の概念が獲得されます。保存とは「数量や重さといった対象の性質は、見かけ上変化が起こったとしても不変であり続けるという理解」のことです。たと

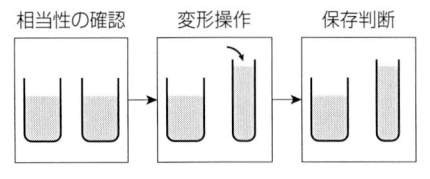

相当性の確認　　変形操作　　保存判断

図7-1　量の保存課題 (新井. 1997)

えば、量の保存課題では、同じコップに入った同じ量のジュースを子供に見せ、片方だけ幅が狭く背の高いコップに目の前で移し替えます (図7-1)。この移し替えられたジュースが片方のジュースと同じかどうか尋ねると、幼児期の子供は「(背の高いコップの方が) たくさん入っている」と答えるなど保存課題で誤りを犯しています。幼児期の子供たちは保存の概念が不十分で、液面の高さという見かけの変化に惑わされてしまうのです。具体的操作期に入った小学校低学年の子供たちはこの課題に正しく答えられるようになります。見かけの変化に惑わされず、論理的に思考する力が身についていることがわかります。

　また、小学校中学年頃になると、幼児期にあった認知的特徴である自己中心性を脱します (脱中心化)。これは三つ山課題という課題によって確かめることができます。図7-2のような3つの山から成る模型を子供と一緒にA→B→C→Dと各地点から順に観察します。その後、子供にはA地点に移動してもらい、C地点に人形を置きます。人形からはどのような風景が見えるか尋ね、各地点から撮影した写真を選んでもらうという課題です。幼児や小学校低学年では自分が見ているA地点の風景写真を選んでしまいます。このような特徴を「自己中心性」と言い、視点が自己に中心化され、自己と他者の視点の区別が不十分であることを意味しています。中学年頃になると、自分の視点と他者の視点を関連づけて認知することが可能になり、正しく答えられるようになります。

　このように児童期は幼児期と比べ飛躍的に論理性のある思考が可能になっていきます。とくに11歳以降には「形式的操作期」に入る子供も現れます。仮定に基づく推理や、組み合わせ、比例に関する推理など具体的事象を離れた抽象的な思考が

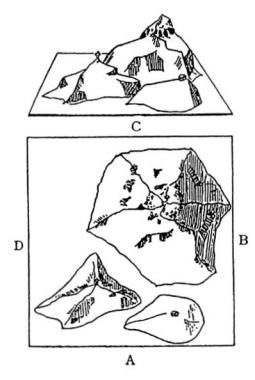

図7-2　三つ山課題 (新井. 1997)

可能になっていきます。たとえば「エディスはスザンヌよりも髪の色が明るい。エディスはリリーより髪の色が濃い。では3人のうちで髪の色が一番明るいのは誰でしょう」といった問題がある時、形式的操作期にある子供は言葉で聞いただけで考えることができます。一方、具体的操作期の子供たちは考える際に具体物を必要とするため、言葉のみで思考することは困難で、人形など具体物を用いる必要があります。低学年のうちに算数の授業でおはじきなどを用いるのもこのためです。7歳〜11歳ぐらいまでの時期に身のまわりにあるさまざまな事物を観察したり操作する体験の機会を保障することが認知発達上重要といえるでしょう。

　また、認知の発達には個人差があり、質的な変化をスムーズに移行できる人と、停滞してしまう人に分かれやすいことが指摘されています（渡辺, 2011）。冒頭で紹介した9歳の壁、10歳の壁を乗り越えながら、より高次の思考の枠組みを獲得していくことが子供たちに求められる重要な発達課題となるでしょう。周囲のおとなは個々人の発達段階を考慮しつつ、適切に支援したいものです。

第5節　児童期の仲間関係の発達

　子供たちが学ぶ場は学校での学習場面だけではありません。仲間関係という友人との関わり場面においても社会性や道徳性などさまざまなことを学んでいます。それでは児童期の仲間関係はどのように発達していくのでしょうか。

　デーモン（山本編訳, 1990）や田中（1957）によれば、小学校低学年では、友だちとは遊び仲間であり、一緒にいて楽しい子供が友だちであると認識しています。遊び相手は家や座席が近いといった物理的に近しい子供が選ばれることがよくみられます。中学年以降では気のあう子、話や関心があう子同士が友だちとなり、友だちを信頼し、お互いに助けあう互恵的な関係がみられるようになります。高学年からは、特定の友人とより親密な関係を築き、会話を通して「思考や感情を共有する」関係に発展していきます。相手の内面や人格を考慮できるようになり、お互いに共鳴・尊敬しあえるような友人を選択するようになり

ます。

　このように仲間関係は年齢とともに深まりをみせていきます。それと呼応するように、これまで親や先生といった周囲のおとなに依存的だった子供たちは、徐々に仲間を頼るようになっていきます。低学年頃はおとなの指示をしっかり守って行動し、困った時にはおとなを頼りますが、中学年頃から困った時には仲間を頼るようになり、高学年になると親友に相談するようになっていくのです。すなわち、児童期の子供たちにとって仲間は親からの自立のはじまりにあたってその受け皿となってくれる大切な存在です。

　とくに従来の発達心理学では、児童期中期〜後期を「**ギャング・エイジ**」と呼び、強い親密性で結ばれた「**ギャング・グループ**」と呼ばれる同性・同年齢の集団を形成するといわれてきました。ギャングとは仲間・一味・徒党という意味で、ともに遊び、時にいたずらなどの悪さをしておとなから怒られることもあるやんちゃな集団です。

　ギャング・グループの否定的影響として一緒にいたずらをしたり、悪い言葉を覚えたりと反社会的な活動を行うことがあります。グループに中心的なリーダーが誕生するなど集団に力関係が生まれたり、仲間意識の強さゆえに仲間から排除しようという言動が目立つようになり、それがいじめにつながる可能性も生じてきます。このような難しさがある一方、ギャング・グループは友情、役割、責任、協力、忍耐力など社会で必要な力を育む機会を与えてくれる発達的に非常に意義深いものです。また、自分と似た仲間から受容される経験や集団への所属感をもつことは自分を肯定的にとらえることにつながり、自尊心の支えとなってくれます。しかしながら、近年では、ギャング集団が消失しつつあるのではないかと指摘されています。少子化により仲間が減り、お稽古事や塾などで時間が減り、子供たちが自由に遊べる公園・空き地などの遊び空間が減り……と「３つの間」が減ったことも無関係ではないかもしれません。このような時代背景にも注意しながら、子供たちの発達や自尊心を支える仲間関係をいかに構築していくかが大切な課題となるでしょう。

第6節　道徳性の発達

　児童期において道徳性は顕著な発達が見られます。ピアジェ（大伴訳, 1957）によれば、7、8歳くらいまでは道徳的判断では権威を重視し、良いか悪いかは行為の結果で決まると考えます。たとえば、おやつを盗み食いしようとしてお皿を1枚割ってしまった子と、お母さんのお手伝いをしていてお皿を10枚割ってしまった子では、後者が悪いと判断します。しかし9歳以降になってくると、善悪の判断をする際に動機や意図を考慮できるようになり、お手伝いをしていた子が良い子で、盗み食いをしようという悪い意図をもつ子が悪い子だ、といった動機論的な道徳的判断を行うようになります。

　コールバーグ（Kohlberg, L.）（永野監訳, 1987）はピアジェの研究をさらに発展させ、道徳的判断は3つの水準、6つの段階を経て発達することを明らかにしています（表7-1）。「前習慣的水準」では善悪の判断をするにあたって自分の利害を考慮する段階であり、罰を避け、報酬を手に入れることが善であると判断

表7-1　コールバーグによる道徳的判断の発達段階 (松原, 2015より作成)

前習慣的水準		
第1段階	罰と服従への指向	物理的な結果によって行為の善悪を判断。褒められれば正しい行為で罰せられれば悪い行為と考える。
第2段階	道具主義的な相対主義指向	正しい行為とは自分の欲求や場合によっては他者の欲求を満たすための手段と考える。
習慣的水準		
第3段階	対人的同調「良い子」指向	他者の意図を考慮し、他者を喜ばせたり助けたりすることが良い行為と判断する。
第4段階	「法と秩序」指向	社会的秩序を維持したり、自分の義務を遂行することを良いことだと考える。
後習慣的水準		
第5段階	社会契約的な法律指向	正しい行為とは社会全体によって吟味され一致された基準によって定められる。一方で法律は絶対的なものではなく合理的考察によって変更できると考える。
第6段階	普遍的な倫理的原理の指向	正しさは、倫理的包括性、普遍性、一貫性に基づいて自分自身で選択した「倫理的原則」に従う良心によって定められる。

します。「習慣的水準」とは他者の承認を基準にして善悪を判断するというもので、まわりの人に良い人だと認められることが善であると判断します。「後習慣的水準」では抽象的な道徳的価値や自分自身の良心に従って善悪を判断するというものです。10歳前後になると前習慣的水準が減り、習慣的水準がしだいに増えていくことが示されています。

　中学年頃からは仲間集団の重要性が増し、自分の属すグループの価値観が最優先されやすい時期です。一般的な物事の良し悪しを頭ではわかっていても、身近な友人に影響を受けて行動してしまい、仲間間のトラブルやいじめなどの問題も生じてきます。その際に「先生に怒られるからやめる」といった判断ではなく、主体的・自律的に問題に対処できるよう道徳性を養い、相手の立場に立って物事を考える役割取得能力や、相手を思いやる共感性を育んでいくことが発達課題となるでしょう。

（梅津　直子）

〈引用・参考文献〉

新井邦二郎（編）　1997　図でわかる発達心理学　福村出版

デーモン，W.　山本多喜司（編訳）　1990　社会性と人格の発達心理学　北大路書房

Damon, W., & Hart, D.　1988　*Self-understanding in childhood and adolescence.* Cambridge University Press.

エリクソン，E. H.　小此木啓吾（編訳）　1973　自我同一性——アイデンティティとライフ・サイクル——　誠信書房

岩熊史郎・槙田仁　1991　セルフ・イメージの発達的変化——WAI 技法に対する反応パターンの分析　社会心理学研究　6　pp.155-164.

コールバーグ，L.　永野重史（監訳）1987　道徳性の形成——認知発達的アプローチ——　新曜社

松原達哉（編）　2015　発達心理学——健やかで幸せな発達をめざして——　丸善出版

ピアジェ，J.　大伴茂（訳）　1957　児童道徳判断の発達　同文書院

佐久間（保崎）路子・遠藤利彦・無藤隆　2000　幼児期・児童期における自己理解の発達——内面的側面と評価的側面に着目して——　発達心理学研究　11　pp.176-187.

田中熊次郎　1957　児童集団心理学　明治図書出版

渡辺弥生　2011　子どもの「10歳の壁」とは何か？——乗りこえるための発達心理学——
　　光文社新書

〈読者のための読書案内〉

＊櫻井茂男・濱口佳和・向井隆代『子どものこころ——児童心理学入門 [新版]』有斐閣、
　2014年：児童心理学の入門テキスト。からだと運動、言葉、動機づけ、感情、パーソナ
　リティ、性といった本章ではふれられなかったトピックのほか、不登校や発達障害など子
　供の心理臨床についても扱われています。

＊渡辺弥生『子どもの「10歳の壁」とは何か？——乗りこえるための発達心理学』光文社新
　書、2011年：「10歳の壁」という言葉に着目して発達心理学の知見を一般向けに紹介した
　新書。道徳性や社会的スキルトレーニングの専門家である著者の実践例も紹介されています。

＊小野寺敦子『小学生のことがまるごとわかるキーワード55——小学生ってどんな時期？ど
　うかかわればいい？』金子書房、2018年：発達心理学の基本概念をはじめ、心理・対人
　関係、学習、子供の生活、学校生活という分野ごとにキーワードでわかりやすく解説され
　ています。

思春期・青年期の発達課題と教育相談

思春期という言葉から、あなたはどのようなことを思い浮かべるでしょうか。年齢や立場によって連想することは異なってくると思います。筆者自身の思春期を支えてくれたのは愛犬でした。筆者は中学時代、担任の一貫性のない指導が許せないという感情にとらわれ、反抗的な態度をとっていました。今ふり返るとそれは一因にすぎず、自分ではどうしようもない負の感情がうごめく世界に陥っていたと思います。わけもない悲しさに襲われた時、優しく寄り添ってくれる愛犬の前では、自分の素直な感情を出すことができました。本章では、児童期と成人期との中間の時期にあたり、さまざまな発達課題を抱える児童生徒をどのように理解し、支援したらよいかについて考えていきたいと思います。

第1節　思春期・青年期の発達課題と理解

（1）思春期・青年期のはじまりと終わり

　思春期と青年期は同義語的に使用されることが多いのですが、異なる意味あいがあります。思春期は、主として身体の発達的変化に着目した言葉で、第二次性徴の出現から腸骨骨端線が閉じて身長の伸びが止まるまでの時期を意味するものです。思春期という時は主として身体的・性的成熟に焦点が合わされるのに対し、青年期という時は性的成熟以外の心理的・社会的成熟も念頭に置いて、より広い概念でとらえています。

　青年期についてはいくつかの考え方がありますが、**ブロス** (Blos, P.) は青年期を前期・中期・後期の3期に分け、前期を中学生時（12〜15歳）、中期を高校生時（15〜18歳）、後期を大学生時（18〜23歳）とし、青年期前期の前の2〜3年を前青年期（10〜12歳）、青年期後期に続くおおよそ21歳〜30歳を後青年期とし

ました。前青年期と青年期前期が思春期にあたります。青年期はこの５段階を順に経過していきますが、身体的成長や環境によって個人差があり発達課題の達成が先延ばしになることもあります。しかし、どの段階も省略することはできないと考えられています（山本，2010）。このブロスの発達的分類が日本の学校制度とほとんど一致するので、中学生・高校生にあたる前青年期・青年期前期・青年期中期の特徴と発達課題、その対応について述べていきます。

（2）前 青 年 期

前青年期はだいたい小学校高学年から中学校はじめくらいまでと考えられます。思春期を迎えると、初潮や精通などの**第二次性徴**が出現し、ボディイメージも不安定になり、急激な身体的変化にどのように対処してよいのか戸惑ってしまう時期です。ピアジェ（Piaget, J.）による発達理論によると、**具体的操作期**から**形式的操作期**への移行の段階にあります。「もし〜だとすれば」など、仮説演繹的思考もできるようになります。しかし、言語表現は成熟していないので、自分の感情を的確に表現するまでには至っていません。依存していた親から離れ、特定の友人との緊密な関係である**チャムシップ**を重視するようになります。

一方、学校生活においては小学校から中学校に入学する際、たとえば**中１ギャップ**の問題が生じることが指摘されています。暴力行為の加害児童生徒数、いじめの認知件数、不登校生徒数が中学校１年生になった時に大幅に増える実態が明らかになっています。その背景として①中学校では教科担任制（授業形態の違い）、②中学校では課せられる規則が多く、規則に基づいた生徒指導がなされる傾向（生徒指導の方法の違い）などがあげられます。

（3）青年期前期

青年期前期はほぼ中学生に相当しています。抽象的・論理的思考ができるようになり、「自分は何をしたいのか」という**アイデンティティ**を考え始める時期であり、不安や葛藤を生じやすくなります。ホルモンなどの内分泌機能が活

性化することにより、著しい身体の成長や性の成熟が生じます。クレッチマー（Kretschmer, E.）はこの身体と心理とのずれから生じる不安定さの概念を**思春期危機**と称しています。この時期は親からの**心理的離乳**を遂げ自立していく過程において、「反抗」が本格的になってきます。この第二反抗期は人格形成の上から必要不可欠なものとして位置づけられています。それに呼応するようにして、同性の仲間たちとの親密な友情を交わすようになります。親友との関係を通して自分を客観視することができるようになり、親友の存在は社会性の発達という観点から重要であるといわれています。

　学校生活においては、学力や運動能力など優劣が明確に評価されるため、現実の自分と向きあう最初の時期でもあります。そのため学習面での困難や友人関係でのトラブルを抱え、理想と現実とのギャップに悩んだり、人間不信や孤独感に陥ったりすることもあります。したがって教育相談においては、これらの心性を理解した上で不安や動揺に満ちた危機的な時期を乗り越えられるよう、信頼関係を築き、見守り支援していくことが重要な鍵となります。

（4）青年期中期

　青年期中期はほぼ高校生に相当しています。この時期になると身体的・生理的変化は落ち着いてくるので、自分という存在への問いかけが深まり、アイデンティティ形成に関連する課題が色濃くなります。エリクソン（Erikson, E. H.）はアイデンティティを確立するまでの期間を**心理社会的モラトリアム**の段階としています。モラトリアムとはおとなが負うべき義務や責任を一定期間猶予され、試行錯誤できる時期のことをいいます。また、この時期には親や家族からの離脱が進み、社会へと関心を向け始めます。この時期をブロスは**第二の分離−個体化**の過程としています。一方、異性への関心が高まり、同性の友人に向けられていたエネルギーが異性へと移り変わっていきます。

　学校生活においては、進路選択が重要な課題となります。進路選択は「どんな人生を生きたいか」「社会の中で自分をいかに位置付けていくか」など、アイデンティティの確立という課題の具現化の一過程（村瀬・三浦・近藤・西林,

2000）でもあります。理想が高すぎたり、成績の伸び悩みがあったりして進路決定に葛藤がある場合もあります。教師やまわりのおとなは彼らの不安、焦りを受け止め、自己探索・自己決定できるよう支援していくことが大切です。

第2節 : 思春期・青年期の揺れと見たて

（1）発達課題と精神病理

　人生において思春期・青年期は変動の大きい不安定な時期であるといわれています。なかには乳幼児期における**アタッチメント**の問題が表面化したり、葛藤が再現したりする場合もあります。親に対して批判的になったり依存的になったり、仲間に対して優越感を感じたり劣等感を抱いたりと、アンビバレントな感情に揺れ動きます。また、万能感が揺らぎ挫折を味わう時期でもあります。

　このような心性と環境が相まって、不登校、校内暴力、家庭内暴力、非行などの問題行動や、抑うつ、対人恐怖、摂食障害、パーソナリティ障害、統合失調症など、精神疾患の症状を呈してきます。教育相談においては、対象の児童生徒の問題点を適切に把握し、支援方針を素早く決定することが必要です。児童生徒が示す問題行動や悩みを思春期・青年期の発達過程における過渡的な状態・一過性の問題行動と見なしていいのか、それとも精神疾患の初期症状の1つとして把握すべきか、学校での教育相談場面で対処できるか、専門機関につなぐのかを見たてるためには、思春期・青年期の発達心性とそれに伴って生じる精神病理の理解が必要となります。また問題が複雑化・多様化している現在では、文部科学省が「チーム学校」を提唱しているように、医療・福祉など多職種の人々との連携を視野に入れて支援することが必要です。

（2）思春期・青年期（高校生）のケース

　以上のことを具体的にイメージできるように、ケースを紹介します。特定のケースを指しているのではなく、筆者が高校の養護教諭として勤務した経験などからケースを修正したり、つなぎあわせたりして創作しています。

a）問 題 行 動

【ケース1　遅刻・欠席が多く怠学傾向の高校2年男子】Aさんが保健室のドア
を勢いよく開けて入室してきた。最初の言葉が「ムカツク！」。教科書を出さず机
に伏せていたら、保健室へ行くように教科担任に言われて教室を出てきたとのこと。
就寝時刻が遅いという話から、「母ちゃんは小学校4年の時に、脳梗塞で死んだ。
晩飯は夕食材料セットをとって、自分が作る係。洗濯は父ちゃんの係。兄ちゃん
は仕事で遅いから、何もしない。掃除は1年ほどしたことがない。昼飯はいつも
パン。朝起こしてくれる人はいない」という話に展開した。Aさんの話からは男
3人の殺伐とした家庭が想像できた。

「生活・学習面で気になる生徒」ということで、校内の教育相談部会等で名
前のあがっている生徒の多くは、保健室を利用しています。服装や態度から、
怠学傾向にあることが推察できても、できるだけ先入観はもたずに接するよう
にしていました。彼らがあっけらかんと話す内容の背景に、家庭の問題等が潜
んでいることがあるからです。たとえば、母親に捨てられたという思いが強く
慰謝料を請求しようと思っているB子さん。両親の離婚による孤独感から逃れ
るために暴走族に入るC男さん。家庭で満たされない愛情の代償に、一時の安
らぎを求めて男性遍歴をくり返すD子さん。このように家庭のひずみが思春期・
青年期という不安定な時期にある生徒を直撃していると実感することがありま
した。彼らに共通するもの、それは「寂しさ」です。

b）精 神 疾 患

【ケース2　境界性パーソナリティ障害の高校3年女子】修学旅行の部屋長ミー
ティングにEさんは、剃刀を持っておぼつかない足取りで現れた。近くにいた筆
者はすぐに彼女を別室に移動させた。はじめは興奮していたが、ベッドで横たわ
り眠った後は、別人のように素直になり、自分は「境界性パーソナリティ障害の
診断を受けて、薬を飲んでいる」と言った。Eさんは修学旅行中に養護教諭と親
しくなり、その後お互いにニックネームで呼びあう間柄になった。当時管理職の
立場にあった筆者は、養護教諭に「見捨てられ感・裏切られ感を抱かせることの
ない距離のある対応を」と助言していた。ある日、Eさんが保健室のベッドで休養
中に、養護教諭が他の生徒の対応をしていたところ、Eさんがベッドでリストカッ

トをしてしまった。危惧していたことが現実になったのである。「私だけを見て」というサインであると想像に難くなかったが、後にＥさん自身もそれを否定しなかった。

【ケース３　統合失調症を発症した高校２年男子】Ｆさんは友人とのトラブルをきっかけにヒソヒソという声が聞こえるという症状が出て、トイレに隠れるようなことがあった。いじめの加害者（と本人が思っている）に復讐心が芽生え、行動に移しかねない状況となり、精神科を紹介した。当初、主治医からは「学校は教育の場であるが、治療の一環として彼を受け入れてほしい」と助言を受けていた。神戸連続児童殺傷事件（1997年）に影響を受けた彼は、犯人逮捕のニュースが報道された後、症状が悪化し、主治医の治療方針は「幻聴体験が萌芽的状態であり、これがある体系をもつと危ない。学校は二の次にして治療に重点を移す」というように大きく変わった。筆者は当時この事件で、この日本で、どれだけの人が影響を受けたのだろうと思った。このケースで学んだことは枠を守ることの大切さと職員間の共通理解を図ることの難しさである。事あるごとに学校の判断が問われるような重いケースだったが、そのつど主治医から助言を受けることができたので、学校の体制としての揺らぎを最小限にとどめることができた。

第３節　思春期・青年期の教育相談

教育相談に関するマニュアル的なことではなく、筆者の教育臨床場面での実践から、心がけてきたことや留意点を中心に述べていきます。

（１）認められ体験

自己受容なくして他者（児童生徒）を受容することは不可能だと思います。摂食障害の女子生徒と出会う前の筆者は、職業上も一個人としても迷いのなかにありました。彼女は中学時代に拒食となり、高校入学当初は過食になっていました。想像を越える過食の膨大な量と過食後の苦しみを打ち明けられたのですが、当時の筆者は知識が乏しく、「どう対応したらいいのか」という気持ちが仕事へのエネルギーにつながり、研究会などに積極的に参加するようになったのです。そこでは主に心理職の方から「先生は生徒にとっても、学校にとっても、私に

とっても大切な存在です」など異口同音に温かい言葉をかけられて、筆者自身が受け入れられ、認められた体験をもつことができました。人から認められることはこんなにも嬉しく、自分への自信につながるものかと実感することができました。だからこそ、なんらかの主訴を抱えて目の前にいる彼らの長所を褒め、できることを認め、「認められ体験」ができるようにと心がけてきました。

（2）見たてと支援の選択

　教育相談で大切なことは見たてと支援の選択（森田, 2010）です。身体的な問題の種類と重症度、身体的な問題の背景に心理社会的要因の有無・生物学的要因の有無などを見立てます。もっとも留意しなければならない点は、カウンセリングで解決できるものと医療的な対応が必要なものとがあることです。たとえば統合失調症の場合、医療との連携が必要になるので、問題の本質を見極める必要（文部科学省, 2011）があります。また、境界性パーソナリティ障害の場合は、見捨てられ感を抱かせないように適切な距離を保つこと、みずからの限界を心得ておくことが必要です。このように問題の領域・質が何かをアセスメントし、支持的に聴くのか、指示・指導的に関わるのかなど適切な支援を行うためには正しい知識、支援の引き出しを多くもつことが大切です。支援は対象に応じ、問題に応じ、プロセスに応じて、柔軟に選択されなければなりません（森田, 2010）。そのためには常にみずから当代の知識を学んでいく（小倉, 1985）姿勢が大切です。

（3）何でも聞き入れる大らかさ・何を聞いてもたじろがない揺るぎなさ

　主訴の背後にあるサインに耳を傾け、いかなるささいなことも、人生の一大事についての告白も変わらぬ開かれた態度（山中, 2001b）で傾聴するように努めます。時には、自分自身のこれまでの経験や社会的規範の範疇を逸脱した未知の世界の告白もあります。それらをいったんは引き受ける「大らかさ」、何を聞いてもたじろがない「揺るぎなさ」が必要です。しかし、法律に違反すること、人権に関わること、生命に関わることなどには対決をも辞さない覚悟が必要です。

（4）「窓」の尊重

　思春期ははじめて自己と性と世界に直面する時（山中，2001b）であり、さなぎの時代とも称されています。閉ざされた心にも、鎖国の時の出島のように必ず「窓」（山中，2001a）があります。その「窓」とは彼ら自身が興味をもっていることであり、たとえばそれがゲーム、アニメなどおとなが価値観を見出せないようなことであっても、彼ら自身の文化を尊重し開かれた態度で、ひたすら耳を傾けることが大切です。思春期・青年期にある児童生徒と向きあうには、カウンセラー（教師）の人間性そのものが問われます。まず、「自分自身が人生を本当に生きているか、自身の未解決の問題をカウンセリングの中に持ち込んでいないか、自分の考えを押し付けていないか」（山中，2001b）など、自戒の念をもち続けることが大切です。

（5）自分自身のメンタルヘルスのために

　思春期・青年期は、精神疾患の好発年齢にさしかかってきます。その上に友人関係、家庭の問題もからみ、問題が複雑化していることが多いのが特徴です。また、発達障害の診断を受けているか否かにかかわらず二次障害の様相を呈して対応に苦慮しているケースもあります。重いケースでは自分自身のメンタルヘルスも危うくなることがあります。筆者自身は次のようなことを実践するなかで、ニュートラルな気持ちでケースに向かうことができるようになりました。①事例研究会に参加、②身近に相談できる専門家、③学校の枠を守る、④事例と一定の距離を保つ（巻き込まれない）、⑤ほう・れん・そう（報告・連絡・相談）（抱え込まない）、⑥事例を記録し、まとめ、評価する（事例を客観的に見ることができ、次の事例にも役立つ）。とくに事例研究会はそこに行くと助言者や仲間がいるという安心感があり、困難な事例に直面しても客観性や冷静さを保つことができるようになりました。また、助言者は臨床心理士なので教師とは異なった視点からの指摘があり、あらたな気づきを得たり、かかわりを軌道修正したりすることができました。事例研究会でのネットワークから身近で相談できる専門家にも出会い、緊急支援が必要な時には機を逃さず相談したり、校内の現職研修の講師を依頼したりして、勤務校での教育相談全体の力量アップにもつながりました。

第4節 ┊ 思春期・青年期の現代的課題と教育相談

　情報化、国際化などの社会環境や生活環境の急激な変化のなかで、教育相談においてもさまざまな課題に直面しています。本章では課題を３つ取り上げます。１つ目は**インターネット依存**の問題です。ネット依存になると昼夜逆転、欠席・退学、ひきこもり、家庭内暴力などの問題が発生してきます。しかし、受診できる専門機関が限られており、対策が遅れています。これまでネット依存に関する正式な診断ガイドラインは策定されていませんでしたが、2018年、世界保健機構（WHO）は国際疾病分類（ICD-11）に「ゲーム症（障害）」（Gaming disorder）を盛り込むことを発表しています。ネット依存のケースへのかかわりのポイントとしては、本人の世界を尊重して話を聞き、生きづらさを理解すること、受診につなぐことが大切です。

　２つ目の課題は、**性的マイノリティ**とされる児童生徒に対する理解と相談体制の充実です。とくに思春期・青年期になると、周囲との違いを感じ傷つき孤立しやすくなります。傷ついた自己イメージからの回復を支援していくことが大切です。文部科学省からは「性同一性障害に係る児童生徒に対するきめ細かな対応の実施等について」（2015）の通知文により、学校生活での各場面での支援等について具体的に示されています。

　３つ目の課題は**自殺予防教育**です。日本では全体的に自殺者数が減少しているなかで、中学生・高校生の自殺死亡率は横ばいか増加傾向にあり深刻な実態となっています。思春期になると悩みを抱えても親や教師に相談することは少なく、相談する相手は圧倒的に友人であるといわれています。児童生徒を対象とした自殺予防教育を行うことは、対象者それぞれの自殺予防にとどまらず、彼らが身近な人の危機に気づき必要な支援につなぐゲートキーパーとしての役割を担うという意味ももっています。児童生徒を直接対象とした自殺予防教育を実施する前に、①教師・保護者間の合意形成、②適切な教育内容、③**ハイリスク**の子供のフォローアップについて十分に検討しておかなければなりません。

　以上のようにさまざまな課題があるなかで、教育相談が有機的に機能してい

くためには、支援方針・役割分担などを学校組織として共有し、PDCA のサイクルで柔軟に対応していくことが肝要です。「子供達の問題行動の背景には多くの場合、子供たちの心の問題とともに、家庭、友人関係、地域、学校など子供たちの置かれている環境の問題があり、教職員が心理、福祉、医療の専門家等と連携して、課題を解決する」(中央教育審議会, 2015) ことが求められています。これからの教育相談は**一次予防**の視点を見据えながら、学校とスクールカウンセラーやスクールソーシャルワーカー、そして外部機関等がチームとして協働していくことが必要です。 　　　　　　　　　　　　　　　（遠山　久美子）

〈引用・参考文献〉

中央教育審議会　2015　チームとしての学校の在り方と今後の改善方策について（答申）

鍛冶美幸　2012　思春期・青年期のこころとからだ──自分と出会うためのワークブック── 岩崎学術出版社

文部科学省　2011　教職員のための子どもの健康相談及び保健指導の手引

文部科学省　2015　性同一性障害に係る児童生徒に対するきめ細かな対応の実施等について(通知)

文部科学省　2014　子供に伝えたい自殺予防──学校における自殺予防教育導入の手引──

森田光子　2010　養護教諭の健康相談ハンドブック　東山書房

村瀬嘉代子・三浦香苗・近藤邦夫・西林克彦（編）2000　青年期の課題と支援　新曜社

小倉学　1985　養護教諭の職務　ぎょうせい

清水將之　1996　思春期のこころ　NHK ブックス

上里一郎（監修）　2006　思春期の自己形成──将来への不安のなかで──　ゆまに書房

山本晃　2010　青年期のこころの発達──ブロスの青年期論とその展開──　星和書店

山中康裕　2001 a　たましいの窓──児童・思春期の臨床(1)──　岩崎学術出版社

山中康裕　2001b　たましいの視点──児童・思春期の臨床(2)──　岩崎学術出版社

〈読者のための読書案内〉

＊村瀬嘉代子・三浦香苗・近藤邦夫・西林克彦（編）『青年期の課題と支援』新曜社、2000年：中学生・高校生が学校・家庭・社会のなかでどのような問題にぶつかっているのかが多面的にとらえられ、教師としての支援方法・役割についてまとめられています。

＊山本晃『青年期のこころの発達』星和書店、2010年：ピーター・ブロスの発達論に基づき、児童期から青年期にかけての心理とその発達過程がケースをまじえて解説されています。

＊山中康裕『たましいの視点』岩崎学術出版社、2001年：思春期心性の理解、治療構造、治療者の態度（「悩みを共に悩む覚悟」）など、思春期治療の基本が論じられています。

9

いじめ問題への対応

教師（教育相談を実践するもの）には "勇気" が必要となる場面が数多くあります。たとえばその一つが児童生徒の信じたくない現実と真正面から向きあう勇気です。しかし教育現場での "いじめ" への対応には、これとは異なる "勇気" も求められます。それは職場の同僚や上司・保護者に知らせる勇気であり、学校の組織へさらには外部機関と連携する勇気です。教師・管理職がこれを行うことは、自分（あるいは学校）の評価を落とすかもしれないという不安に見舞われるのかもしれません。しかしわずかな躊躇が悪化に拍車をかけてしまう可能性があります。もっとも大切にすべきは、被害を受けている（かもしれない）生徒の人権そのものなのです。

いじめが疑われる場合、教師が一人で判断・対応することは許されません。一人の目で見えること、一人の教師にできることには限界があります。

「学校教育相談」とは、教師と生徒とのコミュニケーションのみを指すものではないのです。

第1節　いじめとは

（1）いじめの定義

ここでは、まず何がいじめにあたるのかを明らかにします。ではなぜ定義を明確にしなければならないのでしょうか？　それは具体的な事案にあたり当該行為がいじめにあたるか否かの判断が難しく、いじめの定義自体が変遷してきたという経緯があるからです（文部科学省, 2018）。いじめ防止対策推進法（以下、法）が制定されて以降も定義が学校現場に十分に浸透しておらず、個々の学校、教職員によっていじめのとらえ方に差があり、明らかに法のいじめに該当するものがいじめとして扱われないケースが散見されるようです（新井, 2016）。法は、

いじめを、

> 「児童生徒に対して、当該児童生徒が在籍する学校に在籍している等当該児童
> 生徒と一定の人的関係にある他の児童生徒が行う心理的又は物理的な影響を与
> える行為（インターネットを通じて行われるものを含む。）であって、当該行為の対
> 象となった児童生徒が心身の苦痛を感じているもの」（第2条）

と定義しています。したがって1回だけであってもインターネットへの書き込
み等を通じて間接的に行われる行為も当然にいじめと認定されることとなりま
す。法はいじめについて、行為を受けた生徒の認識を重んじる定義を採用して
いることに留意することが重要です。一方で、法の定義を杓子定規に解釈しな
い方がよい場合もあります。たとえば、インターネットに掲載されたことに被
害生徒が気づいていないので「心身に苦痛を感じていない」といったケースも
考えられます。そうしたケースであっても、加害行為を行った生徒等の指導に
ついては法の趣旨をふまえた適切な対応が必要となります（文部科学省，2017a）。

（2）いじめの実態

いじめはどのような形で行われているのでしょうか。具体的には、悪口・か
らかい・無視・仲間はずれ・悪いうわさを流す・書き込む（含：インターネット、
メール）、叩く、蹴る、脅す、金品をとる・壊す、所持品を隠す・落書きをする、
といった行為があげられ、これが時に遊び・ふざけを装って行われます。国立
教育政策研究所生徒指導研究センター（2016）の調査では、仲間はずれ・無視・
からかう・悪口を「暴力を伴わないいじめ」、ひどくぶつかる・叩く・蹴るを
「暴力を伴ういじめ」とし、この二つはいじめとしては異質な行為だとしてい
ます。同調査は「暴力を伴わないいじめ」が全体の多数であり、この手のいじ
めは誰もが被害者にも加害者にもなり得ることを指摘しました。このいじめが
執拗にくり返されたり多数から集中的に行われたりすると被害者は激しい精神
的苦痛に見舞われることになります。「うざい」「死ね」といった悪口を執拗に

言われ続けた結果、生徒が自死に至ったというケースもみられます（岸田，2018）。

　同じく小・中学生を対象にした森田・滝・秦・星野・若井（1999）の調査では、いじめの加害者は同じ学年で同じクラスの児童生徒であるケースが8割、いじめた子がよく遊んだ友だちであるケースが約5割に達しています。一方でいじめをうけても、いじめの事実をなんらかの形で教師に話したという児童生徒は4分の1前後、いじめられたことを親に話していないと答える子供は男子で7割、女子でも6割以上を占めています。以上のようにわが国では暴力を伴わない言葉や仲間はずれ・無視等によるいじめが多く、加害者はよく遊んだ友だちが半数を占め、被害者が親にも教師にも知らせない傾向がみられます。被害者が加害者にまわる（逆もあり）といった現状も、いじめに対する指導を非常に困難なものにしています。

（3）いじめの構造

　いじめがなされる集団は、どういう構造から成り立っているのでしょうか？それについては、いじめる子供（加害者）といじめられる子供（被害者）の関係だけでなく、いじめをはやしたてておもしろそうにながめている子供（観衆）と、それを見て見ぬふりをしている子供（傍観者）の四層構造で説明されることが一般的です。観衆の中には、けしかけるような行為を行いながら自分はいじめには加わらない子供（仕掛人）がいる場合もあり、またこの基本の構造から分化し、いじめを止めに入る子供（仲裁者）が現れることもあります（森田・清永，1994）。傍観者は「何もしない」という行動によっていじめを認める空間を創出し、結果としていじめの継続に荷担していることに気づいていません。この観衆と傍観者に気づきを促し、育てていくことが、いじめを減らすための非常に重要なポイントとなります（栗原，2016）。

第2節　いじめに備える

（1）学校が行わなければならないこと

　学校には、その学校の実状に応じた、**学校いじめ防止基本方針**（以下、「学校基本方針」）を定めることが法で明記されています（13条）。「学校基本方針」には、いじめの防止のための取組、早期発見・いじめ事案への対処の在り方のマニュアル、教育相談体制などを策定しておくことが求められます。さらに学校には、当該学校におけるいじめ防止等に関する措置を実効的に行うため、複数の教職員・心理、福祉等の専門的知識を有する者その他の関係者により構成される組織（以下、「**学校いじめ対策組織**」）を設置することも定められました（22条）。学校いじめ対策組織は、いじめの疑いがある情報を共有し、事実関係の把握、いじめであるか否かの判断、対応について組織的に行う役割を担います。

（2）日常の教育活動のなかでの早期発見

　いじめについては早期発見が重要ですが、わからないように行われているのが現実です。そこで教師に求められているのは「違和感による察知」だと思われます。これは具体的な事実があるわけではなくとも「何かが違う」、「何かおかしい」といった通常と異なる雰囲気の違いを敏感に感じとることです。たとえば新年度担任として児童と出会う時、全員と握手・言葉を交わす場面をつくる、ある児童と握手をした際、教室が明らかに違った空気となったとしたらそこにいじめが存在する可能性を考慮する、一例として教育現場ではそういった取り組みが見られます（蒲原，2007）。違和感を感じた際には、たとえ思い過ごし・取り越し苦労になるとしても同僚（中学・高校の場合には教科担当者・部活動顧問・清掃監督等）に率直に伝えて意見を求めることがなんらかの気づきにつながるものと思われます。このような、いわば「雰囲気」のレベルであっても同僚と意見交換ができる関係を平素よりつくっておくべきでしょう。これが（事実に基づく）「兆候」のレベルである場合、学校いじめ対策組織に連絡し必ず情報の共有を図らなければなりません。

ほかに（みずからいじめの報告ができなくても）一定の正義感と正直さを持ちあわせた児童生徒がどのクラスにも何名かはいるものです。そういった児童生徒には機会を見つけて「クラスに嫌な思いをしているかもしれない人、いないかな？」と尋ねてみることも方法の一つです。いじめという直接的な表現がなくても、たとえば人間関係のこじれといった何かを知らせてくれるかもしれません。その際は尋ねる環境に十分に配慮し、当該児童生徒の人間関係に負の効果が及ばないようにすることは当然です。もちろんこうした声掛け・アプローチは学校が行う定期的ないじめアンケートの実施時や面接時等を活用し、すべての生徒に対して行うことが望ましいでしょう。

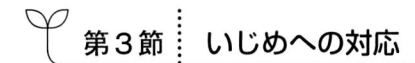

第3節　いじめへの対応

　第3節では、「**いじめの防止等のための基本的な方針　最終改定**」（文部科学省, 2017b）をベースにしながら、いじめが起こった際の具体的な対応について解説していきます。

（1）いじめが発見された場合・連絡を受けた場合

　疑いの段階であっても、いじめが発見された場合、あるいはその連絡を受けた場合、教師はただちに「学校いじめ対策組織」に連絡を入れ、組織で情報の集約を図ることとなります。学級・ホームルーム担任など一部の教師が自分だけで解決を図ろうとした結果、情報の共有がなされず、大きな事態に発展したケースがあるだけに、このことは徹底されなければなりません。法が制定され、学校いじめ対策組織の設置が規定された背景には教師一人の抱え込みを防ぎ、組織的に対応できる体制をつくるという目的があります。「基本方針」には、いじめであるか否かの判断は組織的に行うよう記されています。児童等からの訴えがあった場合やわずかであってもいじめと受け止められかねない事案については教師が一人で対応の必要・不必要を判断するのではなく、多くの人の目にさらして判断していくことが行われなければなりません。

では、学校は組織としてまず何をなすべきなのでしょうか。最初にやらなければならないことは、いじめを受けた児童生徒（およびいじめを知らせてきた児童生徒）の安全を確保することです。その上で詳細を確認し、いじめたとされる児童生徒に対しても事情を確認し、指導にあたることとなります。この際、双方を同席させた上で事実確認を行うと、いじめを受けた側が事実を語れなくなる可能性があります。事実確認は複数の教職員で、当該生徒を個々に分けて行い、その後、事実のつきあわせをしていくことが必要になります。

　なお、被害児童生徒や保護者からいじめによって重大事態に至ったという申し出があった時は、重大事態が発生したものとして、学校の設置者を通じて、地方公共団体の長等まで報告をしなければなりません。重大事態とは、いじめにより、①生命、心身又は財産に重大な被害が生じた疑いがあると認めるとき、②児童等が相当の期間（年間30日）学校に欠席をすることを余儀なくされている疑いがあるときを指します。これについては「**いじめの重大事態の調査に関するガイドライン**」（文部科学省，2017）を参考にしてください。

（2）当該児童生徒にどう向きあうか
①いじめを知らせてくれた児童生徒への対応

　知らせてくれた児童生徒には、たとえ疑問が残る内容であったとしても、「本当によく知らせてくれた、話してくれるまでにすごく勇気がいったことだろう、ありがとう」とその正義感や勇気を讃え、秘密の厳守を約束します。こうした場合、彼らはチクリの報復を受ける可能性を知りつつ連絡してくれています。したがって事実誤認はあっても、ふざけて知らせている可能性は低いでしょう。その児童生徒に対して、「まさか！」とか「そんなはずはない、何かの間違いではないのか！」といった対応をするならば学校・教師に不信感を抱き、以後の情報提供がなくなるかもしれません。知らせてくれた児童生徒の安全確保も決して忘れてはならないことです。

②いじめられた児童生徒への対応

　いじめられた児童生徒は「チクった」「チクリ」という非難を浴びることや

集団から排除されることを怖れて被害を認めないことがあります。その場合には「証言者が出ている（アンケートに記載がある）」などと伝えて、「我慢することはない」、「黙っていることはあなた以外に被害に苦しむ人を増やすことにつながる」と真摯に語りかけることで、事実を話してもらうことが重要です。いじめられている自分が悪い、という考えをもっている場合もありますので、そうではないことをはっきり伝え、自尊感情を高めていく必要もあります。

　いじめられた児童生徒を支えるために必要なものは「あなたは1人じゃない」という強いメッセージと支援を行うシステムです。これについては当該児童生徒に「誰（教師・スクールカウンセラー・友だち等）とだったら話がしやすい？」と尋ねることで支援の枠組を構築していくとよいでしょう（田中，1998）。

③いじめた児童生徒への対応

　いじめた児童生徒に対しては、いじめという言葉を出すとそれを認めないことがありますから、「プロレスごっこみたいなことをしているのを見ていた人がいるのだが……」とか「（あなたに悪気はなかったかもしれないが）○○さんとのやりとりの中で、イジったことはなかった？」といった切り出し方をした方が、より話を引き出しやすい場合もあります（田中，2007）。

　いじめの事実が確認された場合、複数の教職員が連携し、必要に応じて心理や福祉の専門家・警察官経験者など外部専門家の協力を得て、組織的にいじめをやめさせ、再発防止に関する措置をとります。その際、ただちに家庭訪問等を行い双方の保護者に協力を求めることは論ずるまでもありません。

　国立教育政策研究所生徒指導研究センター（2010）の中学生対象の調査では、男子の場合、「友人関係のストレス」、女子の場合、「不機嫌怒り」がいじめ加害に向かわせる第一の要因で、その「ストレス」や「不機嫌」要因に大きく負の影響をあたえているものが「競争的な価値観」でした。学校にあっても競争的な場面はいくつも存在し、その結果として優劣・勝ち負けが明らかになることは避けられません。しかしそこに行き過ぎがあったり競争をあおるような指導がなされるのならば、それがいじめをつくりだす要因となることを、教師も保護者も認識すべきでしょう。1人として同じ人間はいません。みんな異なる

すべての児童生徒に、1人の人間として大切にされている、尊重されていると感じさせるアプローチが家庭や学校でなされることが、いじめの加害を減らすことにつながるのだと思われます。

　なお学校のいじめ指導では限界があることもありえます。その場合には外部機関との連携を考えるべきでしょう。文部科学省（2013）の通知では、いじめ事案のうち、その児童生徒の行為が犯罪行為として取り扱われるべきと認められる場合の警察への早期の相談や、とくにいじめられている児童生徒の生命または身体の安全が脅かされている場合の速やかな警察への通報について記しています。ここでは警察との連携を例にあげましたが、いじめには経済的側面、医療面などさまざまな背景があることが考えられます。外部の専門機関への相談によって学校では気づかない解決の糸口が見つかることもあるでしょう。

④観衆・傍観者への対応

　前出の観衆、傍観者には、自分の問題として受け止めさせることが必要になります。この際、とくに傍観者は自分はいじめには関わってはいない、という意識が強いものと思われます。しかし傍観者にも自分のとっている行動が結果としていじめを行う場をつくりだしている、いじめを助長している、ということに気づいてもらわなければなりません。それをふまえていじめの疑いをもったら、なんらかの手段でおとなへと連絡してくれるよう丁寧に説諭していきます。勇気ある行いがいじめをさせない、被害を受けない場をつくることに寄与することをわかってもらうことが、以後のいじめを防ぐ大きな力となるでしょう。

（3）解決に向かう過程での留意点

　学校がいじめの解決を進めようとする過程で、被害者・加害者に対して、お互いに謝罪をさせるという、いわば喧嘩両成敗的対応を行っているとの報告がみられますがこうした対応は問題を拡大させる可能性があります。いじめにはさまざまなケースがあることはもちろんですが、"いじめの被害を受けた側"に謝罪をさせるといった学校の対応は、いじめを解決ではなく秘匿化・陰湿化

へと向かわせるとの指摘があります（小森, 2016）。「いじめられる側にも問題がある」という誤った認識へと発展しやすい問題を孕んでいるだけに、学校には適切な対応をとることが求められています。

（４）いじめの解消とは

　いじめが解消されたというのは、①被害者に対する心理的又は物理的な影響を与える行為が止んでいる行為が相当期間（少なくとも３ヵ月）継続しており、②被害児童生徒が心身の苦痛を感じていないことの２つの要件が満たされていることをいいます。いじめは見えないところで行われる、継続・再発しやすいという現実をふまえ、当該児童生徒へは継続的に面接や観察を実施していくなど、その時だけの対応にしないことが求められています。

（５）いじめを未然にふせぐために

　いじめについては、見つけて対応することより、させないこと、すなわち"予防"こそがもっとも重要な課題です。教師・学校が取り組むべきこととして、いじめをさせない・生み出さない人間関係づくりの構築・環境の整備があります。方法としては、ピア・サポート、ソーシャルスキル・トレーニングの活用が期待され、予防のためのプログラム（たとえば、栗原, 2016）開発などがなされてきています。これについては末尾の引用文献を参照してください。

　それ以外に、市町村単位では行政が中心となり、アプリLINEを運営する企業と連携協定を結んで、気軽に相談ができる環境を整備している自治体がでてきました。また熊本県では2018年度より県内すべての県立中学・高校にインターネットの「いじめ匿名通報アプリ」を導入しています。このアプリはスマートフォンに対応し匿名で利用できることからいじめに気づいて欲しいと思いつつ直接には言えない子供や傍観者的立場にいた子供に通報を促す効果が期待されます。こうしたアプリの存在自体が、いじめの抑止に一定程度の効果をもたらす可能性があるといえましょう。

　以上のように、いじめ問題には、教師・学校だけでなく、行政・地域なども

含めて知恵を出しあって、社会全体で総がかりで対応していくことが求められています。　　　　　　　　　　　　　　　　　　　　　　　　（田中　將之）

〈参考・引用文献〉

新井肇　2016　いじめ　小児科診療11号　診断と治療社　pp.1681-1686.

蒲原敏也　2007　②握手の瞬間　向山洋一（編）「いじめ」は必ず解決できる——現場で闘う教師たちの実践——　扶桑社　pp.39-41.

岸田雪子　2018　いじめで死なせない——子どもの命を救う大人の気づきと言葉　新潮社

国立教育政策研究所生徒指導研究センター　2010　いじめ追跡調査2007-2009　いじめ Q&A

国立教育政策研究所生徒指導研究センター　2016　いじめ追跡調査2013-2015　いじめ Q&A

小森美登里　2016　いじめ被害者が望む、学校の確実な初動調査の実施　問題多い「喧嘩両成敗」的な対応　https://webronza.asahi.com/national/articles/2016113000001.html（2018年9月13日確認）

栗原慎二（編）　2016　いじめ防止6時間プログラム——いじめ加害者を出さない指導——　ほんの森出版

文部科学省　2013　いじめ問題への的確な対応に向けた警察との連携について（通知）

文部科学省　2017a　いじめの重大事態の調査に関するガイドライン

文部科学省　2017b　いじめの防止等のための基本的な方針（最終改訂）

文部科学省　2018　いじめの定義の変遷　www.mext.go.jp/a_menu/shotou/seitoshidou/1302904.htm　（2018年8月9日確認）

森田洋司・清永賢二　1994　新訂版　いじめ——教室の病い——　金子書房

森田洋司・滝充・秦政春・星野周弘・若井彌一（編）　1999　日本のいじめ——予防・対応に生かすデータ集——　金子書房

田中將之　1998　友人の対応　松原達哉（編）　普通の子がふるう暴力——いじめ・暴力の心理と予防・指導法——　教育開発研究所　pp.67-70.

田中將之　2007　いじめ　教員養成セミナー3月号　時事通信出版局　p.100.

〈読者のための読書案内〉

＊栗原慎二（著）『いじめ防止6時間プログラム』ほんの森出版、2016年：子どもを主人公にしていじめを解消していきたいと考える際の良き文献となります。プログラムには関心がないという方にもお勧めします。

10

不登校（園）と教育相談

　小学校から高等学校まで、あなたが過ごしてきたクラスをふり返ってみてください。そのなかで、おそらく多くの方は、休みがちであったり、保健室などに登校したりしていた友だちがいた、という経験をしているのではないでしょうか。このことから、学校現場において「不登校」は、かなり身近な存在であるとともに、教育に携わる者にとっては、支援や指導、理解が不可避であることが考えられます。

　彼らはなぜ「学校に行かない」という選択をしたのでしょうか。おのおのの意思は尊重されるべきだと思います。しかし、児童期や思春期の「学校に行かない」という選択には、コミュニケーションスキルや仲間との協働、協力により得られる達成感や自己効力感、基礎的な学びなど、今後のキャリアで必要となる、多くのものを培う機会を逸する可能性があるのではないでしょうか。この章では、不登校に関する基礎的な理解を深め、指導者・支援者としてのサポートや関わり方について考えていきましょう。

第1節　今日までの不登校

（1）「学校に行かない」をどうとらえる？

　不登校については、今日まで多くの教育実践や研究が積み重ねられていますが、草創期の研究としてブロードウィン（Broadwin, I. T.）のものがあげられます。1932年、当時「学校に行かない」ということは広く「**怠学**（truancy）」とされていましたが、彼はいくつかの事例から神経症（今日の強迫性障害など）の可能性を指摘しました。これは、「学校に行かない」ことに対し、心因性の機能障害をも含めるようになったことを意味します。この研究を発端とし、1941年にジョンソン（Johnson, A. M.）は「学校に行かない」を「**学校恐怖症**」としてと

らえました。以上のことから、当時は「学校に行かない」を、「怠学」と心因的な「学校恐怖症」に大別し、支援を研究していた様子がうかがえます。

　しかし、1940年代後半から1960年代にかけては、学校に行くことを「拒否する（refuse）」という言葉を欧米の研究者たちが用いるようになりました。「学校恐怖症」以外の要因にも目が向けられた背景が読みとれます。その後、「登校拒否」という言葉が日本でも広く知られるようになりました。

　現在、「学校に行かない」を「**不登校**」としていますが、ここには上記のみならず、本人の学校に対する意思も反映されています。つまり、「学校に行かない」には、たくさんの要因や可能性が含まれることが推測できます。そのため、「不登校」への支援・指導に関しては、本人の「学校に行かない」をいかに適切にアセスメントできるかが重要となります。

　また、教育現場では「不登校」以外にも、かつての「登校拒否」や「長期欠席」、「不登校傾向」、「学校嫌い」などの言葉が使用されます。そこで、改めて今日の学校における「不登校」をとらえてみましょう。

　文部科学省は、学校数や学級数などの学校に関わる基本情報を把握すべく、「**学校基本調査**」を継続的に実施しています。ここでは不登校を実態把握のため、「何らかの心理的、情緒的、身体的あるいは社会的要因・背景により、登校しないあるいはしたくてもできない状態」で「病気や経済的な理由」を除いた年間30日以上の欠席、として定義しています。この場合の「30日」というのは、あくまでも実態をとらえる目安として理解する必要があります。これは、小中学校での年間授業日数が約200日であることをふまえると約15％に該当します。平均的な年間欠席数とされる約5日程度（約2.5％）と比較しても、仲間たちとのかかわり、学びなどで、差が発生してくる様子がみえてきます。

（2）近年の実態

　それでは、今日の不登校の実態を把握していきましょう。文部科学省（2018）は、2016年度の不登校児童生徒数が約14万人であることを公開しています。かつては少子化に伴い、全児童生徒数も毎年減少していること、不登校の児童生

徒への支援が検討されたことなどもあり、不登校の児童生徒数も減少傾向がみられました。しかし、2013〜2016年度に関しては、小中学校ともに増加傾向が示されています。発生率に関しても、小学校では0.36％から0.47％、中学校では2.69％から3.01％に増加し、とくに中学校では各クラスに不登校の生徒がいても不思議ではない状態になっています。現在、「指導要録上の出席扱い制度」の活用が見直されています。これは不登校の状態であっても、学校外施設での学習（教育支援センター、民間団体・施設、ICT の活用）などが、校長の判断により、出席扱いにできるものになります（文部科学省, 2016）。学校以外での学びの場が少しずつ増えながらも、不登校の児童生徒数、発生率が増加している点は、厳しい現実といえるでしょう。不登校の児童生徒に目を向けるとともに、問題をいかに予防するか、どのような支援が可能なのか、実践的な検討が教育や教師に期待されているといえます。

第2節　不登校の理解に向けて

（1）アセスメントのファーストステップ

　不登校の児童生徒理解の視点として、彼らの背景を「対人関係」や「怠学傾向」などのようないくつかのタイプ（類型）にあてはめ、おのおのに適切なアプローチを検討していく試みがあげられます。ここでは大まかにその状態像をとらえることが可能です。しかし、個々の対応やタイプに該当しない場合、複数のタイプが重複する場合などに関しては難しい部分が発生します。また、不登校の背景は、時間とともに変化したり、不明であったりなど、限定できないことも少なくありません。ゆえに、不登校の理解に際しては、全体を把握する視点と、個々の文脈に向けた視点が必要になります。

　文部科学省（2018）が、不登校児童生徒について、その要因を把握し、図10-1のような結果を得ています。約3割に「無気力」があげられています。ゆえに、不登校児童生徒への支援に関しては、モチベーションへの働きかけも非常に重要な切り口になるといえるでしょう。なお、「不安」にも「無気力」と

同様の結果が示されています。臨床心理学では「不安」を対象が不明確なものに対するおそれの感情としてとらえます。不登校の要因の特定が難しい一面が考えられます。詳細に関しては後半で再度説明しますが、不登校の**アセスメント**においては、対象となる児童生徒の背景、パーソナリティなど、多岐にわたる視点とともに、その発生のメカニズムにも目を向けることが不可欠になります。

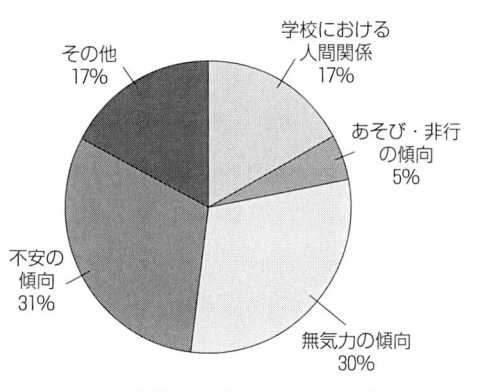

図10-1　不登校の要因（国公私立小中学校）
（文部科学省，2018より作成）

（2）精神疾患との関連

　精神疾患の影響による不登校も少なくありません。たとえば、**統合失調症**や**気分障害**（うつ病）などは、思春期から好発年齢とされ、誰にも発症の可能性があります。とくに不登校との関連が指摘されているのが「**起立性調節障害**」です。田中（2010）は、不登校の約6割の併存可能性を指摘します。顕著な症状としては、起床直後や午前中のだるさやめまい、頭痛、腹痛などがあげられます。しかし、日中でしだいに回復をみせることもあり、周囲からやる気がない、だらけているなどの誤解を受けるケースが多く、その苦しみへの理解が十分ではない面が課題としてあげられます。

　これらの精神疾患に関しては、カウンセリングと薬物療法を併用しながらの支援が広く行われています。カウンセリングだけの支援では限界があり、場合によってはより症状が重篤化し、回復に多くの時間を費やすことが予想されます。そのため、児童生徒の周囲にいる支援者が早期に気づき、適切に医療機関につなげる必要があります。以上のことから、教師にも主な精神疾患に関する基礎的な知識は欠かせないものといえます。自己研鑽とともに、適宜スクール

カウンセラーや養護教諭などからの知見を得ることが求められます。

　また、近年ではオンラインゲームやスマートフォンなどの過度な使用により、**概日リズム**が崩れ、登校に影響しているケースも増加傾向にあります。これらのツールに関する依存、ととらえることもできるでしょう。スマートフォンなどの使用については、児童生徒が手にする前のルール確認が欠かせませんが、そのルールが徹底されず、なし崩しになってしまうこともあるようです。教師にはこれらの**メディアリテラシー**についても取り上げ、その使用に伴うリスクに関しても心理教育をしていくことが期待されます。この問題についても、重篤なケースについては、医療機関との連携を検討する必要があるでしょう。

第３節　不登校の予防に向けて

（1）早期発見の観点

①かかわりの３つの段階

　不登校のみならず、児童生徒へのかかわりを考える際、参考にしたい概念があります。それが、**コミュニティ心理学**の観点からの３つのかかわりです。ここでは、かかわりを一次的（問題を抱えていないすべての児童生徒）、二次的（問題を抱えつつある児童生徒）、三次的（重篤な問題を抱えている児童生徒）の３段階でとらえます。どのかかわりも重要ですが、コミュニティ心理学では今後の展望や、本人・家族などに発生するさまざまなコストの面を考慮し、二次的な段階をハイリスクな状態にある個人への援助と考えます。不登校を風邪にたとえてみます。私たちは冬になると、積極的な手洗いやうがい、マスクの使用などで風邪を予防します。しかし、どんなに注意をしていても、罹患してしまうことはあります。ここで大切なのは、風邪の兆候のある時に、十分な栄養と休養をとることで、重篤化を防ぐことです。無理をして風邪を悪化させてしまった経験のある方もいるかもしれません。問題が小さいうちの対応が重要になります。

　そのため、早期に周囲の支援者が、不登校の「きざし」を敏感にキャッチできるか、という点が鍵になります。この観点として、多くの研究者や教育機関

がチェックリストを出していますが、大切なのはこれらのツールを適宜使用しつつも、教師が日頃の児童生徒とのかかわりのなかで、小さな変化に気づくことです。具体的には、表情や態度（感情のコントロールが困難になる、ふさぎがちになる、活動の低下など）、対人関係（単独の行動や集団からの孤立、一緒にいる友人の変化など）が、一例としてあげられます。しかし、児童生徒は問題を抱えていることを、なかなか自分から教師へ積極的に伝えられないのが現状ではないでしょうか。ゆえに、教師が常に児童生徒に関心を寄せ、理解しようとする姿勢をもつことが肝要になります。また、教師が高い意識をもつことで、気づくことが可能な点もたくさんあります。たとえば、欠席については、欠席の日数はもちろん、欠席のパターン（長期休み明け、特定の曜日、学校や家族におけるイベントとの関連など）、成績や課題の質の低下などもアセスメントの重要な観点になります。不登校は前述したように、児童生徒にとって身近な存在であり、いつ、誰がこの問題を抱えてもおかしくないといえます。教師には児童生徒を理解すべく、たゆまぬ努力が求められます。

②段階ごとのサポート

　不登校の問題は図10-1でも示されたように対人関係、すなわち仲間とのコミュニケーションに起因する場合も少なくありません。子供たちのコミュニケーションの変化や変容に目を向けることは、教師には必須といえるでしょう。そのため、まだ問題の発生していない一次的な段階で、コミュニケーションスキルの習得や、問題解決力の育成などに重点を置くことが大切になってきます。また、友だち同士での問題解決を課題とした、**ピア・サポート**などの実践を計画的に設定していくことも効果的でしょう。

　二次的な段階では、積極的に声をかけ、適宜面接を行ったり、話を聴いたりすることが必要になります。この段階から、対象となる児童生徒と教師とのマンツーマンのかかわりが増えてきます。サポートをしていく姿勢とともに、信頼関係の構築が欠かせません。カウンセリングの知識やスキルが必須になる場面といえるでしょう。

　また、三次的な段階では、家庭訪問などに加え、スクールカウンセラーなど

の専門家、保護者、教育相談担当の教師、ケースによっては地域の教育センターや医療機関などの、学校内外のサポーターとの密な連携が不可欠になってきます。対象となる児童生徒へのサポートチームを立ち上げ、長期展望も見すえた援助計画の検討が求められます。チームに関しては、責任の分散などを防ぐべく、適切なメンバーで、役割の明確化を意識していきます。

（2）キャリアの節目への支援

　私たちはライフキャリアのプロセスで、さまざまなイベントに遭遇します。それらはポジティブでも、ネガティブでも心にある程度の負荷をかけるものとなっています。また、イベントには予期できず、避けられないものもありますが、予想ができ、ある程度の事前対応が可能なものもあります。そのひとつが、入学や進学、進級など、おのおのに前もって決定している環境の変化です。これらは、臨床心理学において「環境移行」や「**学校移行**」としてとらえられており、とくにサポートが必要なプロセスとされています。「**小１プロブレム**」や「**中１ギャップ**」などの言葉を、教育現場ではしばしば耳にします。とくに後者に関しては、小学校から中学校という環境の変化にうまく適応できず、学校不適応が増加することを示しています。とくにここでの移行は、心身や環境などの面で大小合わせると相当量の変化の発生が考えられます。そのため、予想できるイベントに関しては、事前の適切な情報提供やガイダンス、問題解決能力の習得なども含めた、一次的なかかわりを増やすことが望まれます。あらたな環境に対しては、不安も発生しますが、期待も同時に抱かれます。両者は切り離せるものではなく、スペクトラム状にとらえていいでしょう。ゆえに、あらたな生活がスタートする、人間関係が広がるといったポジティブな側面を伝える支援も視野に入れるべきでしょう。

　しかし、中学校移行での不登校の増加に対し、国立教育政策研究所生徒指導・進路指導研究センター（2016）は、入学時の不安のみならず、小学校の頃からサポートを必要としていた可能性を指摘します。一次的なかかわりには、イベントなどに伴う計画的な面とともに、日常生活における継続的な面も導入

したいところです。

第4節　不登校経験者から学ぶこと

（1）希求されている支援

　文部科学省はこれまでに2001年と2014年の2回、中学校での不登校経験者を対象とし、卒業5年後のアンケート調査を実施していますが、後者からいくつか興味深い点を紹介します。まず、予後（その後の就学状況）ですが、2回の調査を比較し、大学や専修学校で学んでいる割合が、23.0％から46.7％に増加している点があげられます。ここから、不登校の状態にある生徒の学びへの積極的なモチベーションがうかがえます。また、当時の不登校に対しては、「行けばよかった」が4割弱、「しかたがなかった」が約3割、「行かなくてよかった」と「何とも思わない」がそれぞれ約1割であることが示されており、不登校への後悔や自分なりに考えぬいた選択であった様子が推測できます。しかし、どのような支援が欲しかったか、という点に関しては、「心の悩みについての相談」と「自分の気持ちをはっきり表現したり、人とうまくつきあったりするための方法についての指導」にそれぞれ3割以上の回答を得ています。前者からは不登校の状態においても相談したり、話しあったりする存在の必要性、後者からはコミュニケーションに関するスキルの習得や心理教育への期待が読みとれます。

（2）指導者・支援者として

　また、前述の調査においては「不登校のきっかけ」に関し、複数回答で尋ねています。そこでは、①「無気力でなんとなく学校へ行かなかった」、②「学校へ行こうという気持ちはあるが、身体の調子が悪いと感じたり、ぼんやりとした不安があったりしたため」、③「いやがらせやいじめをする生徒の存在や、友人との人間関係のため」の3つの要因で4割を超えていました。①と②にはややあいまいな、はっきりしない様子がありそうです。そのため、不登校の支

援に関しては、原因探しにこだわりすぎないことが重要ではないでしょうか。もちろん、③のように、いじめ被害などの明らかな原因がある場合は積極的な支援や指導が不可欠です。しかし、①や②のように、不明瞭な原因を探していくことは非常に困難ではないでしょうか。ゆえに、不登校の支援では、原因探し以上に、「現在できること」にフォーカスした、**解決志向**でのかかわりが有効だと考えられます。つまり、当該の児童生徒の「できている点」への着眼が大切になります。たとえば、「金曜日だけ保健室登校をしている」というケースでは、「金曜日しか来られない」、「教室には入れない」ではなく、「週に1日は登校ができる」、「保健室で自習ができる」などの「できている点」に目を向け、それらを本人のペースに合わせて**スモールステップ**で広げたり、**強化**したりする姿勢が大切になります。

　また、不登校の児童生徒への支援では、「登校刺激」が検討されることがあります。不登校を冒頭の「学校恐怖症」とするならば、問題解決に向けては登校を回避し続けるのではなく、学校という「刺激」に慣れていくことが不可欠です。「不安」を回避することによって、一時的な安心感を得ることはできるでしょう。しかし、その回避を続けることは、安心感をより強固なものにします。**認知行動療法**では、問題発生の仮説を立て、解決に向けたプロセスを考えていきますが、回避の継続が不登校を維持させているというメカニズムを見出すことがあります。ゆえに、「不安」を回避するのではなく馴れていく、という支援を検討します。馴れるプロセスやそれに伴うさまざまな刺激（学校の情報、教員の働きかけなど）の強弱大小、期間や頻度はケースに応じて十分に吟味する必要はあります。しかし、刺激を与えない、すなわち「何もしない」ことには、多くのリスクが懸念されます。不登校の状態を「見守る」ことも大切になりますが、「見守る」＝「何もしない」ではなく、その児童生徒に最適で実行可能な支援を常に検討する必要があるでしょう。

（岩瀧　大樹）

〈引用・参考文献〉

稲村博　1994　不登校の研究　新曜社

国立教育政策研究所生徒指導・進路指導研究センター　2016　生徒指導リーフ　「中1ギャップ」の真実

文部科学省　2014　不登校に関する実態調査　平成18年度不登校生徒に関する追跡調査報告書

文部科学省　2016　不登校児童生徒への支援に関する最終報告——一人一人の多様な課題に対応した切れ目のない組織的な支援の推進——

文部科学省　2018　平成28年度「児童生徒の問題行動・不登校等生徒指導上の諸課題に関する調査」（確定値）について

田中英高　2010　不登校と起立性調節障害　五十嵐隆（編）　小児科臨床ピクシス15　不登校・いじめ　その背景とアドバイス　中山書店　pp.66-73.

〈読者のための読書案内〉

＊田中英高『起立性調節障害の子どもの正しい理解と対応［改訂版］』中央法規、2017年：その苦しさが周囲に理解されずにいる「起立性調節障害」に関し、ケースをもとに、当事者たちからのSOSのサイン、家庭や学校における具体的なサポートなど、指導者や支援者が押さえたいポイントが述べられています。

＊神村栄一『学校でフル活用する認知行動療法』遠見書房、2014年：学校におけるさまざまな問題理解の視点や、認知行動療法の見地から「解決志向」について論じられています。不登校に関しては、「回避」ではなく、「接近」をいかに支援していくかについて、事例をあげながら説明されています。

＊齊藤万比古『増補　不登校の児童生徒・思春期精神医学』金剛出版、2016年：児童生徒の心の発達と身体とのかかわり、不登校とひきこもりの違い、不登校の児童生徒に伴うリスク、思春期を支える観点について、長年医療現場でたくさんの児童生徒と向きあってきた精神科医の立場から記されています。

11

保護者支援と教育相談

　ある中学校の A 先生は、生徒にとても人気があります。A 先生について生徒からは「話をよく聞いてくれる」「自分の良いところを誉めてくれる」「がんばったことに気づいてくれる」といった声を聞きます。A 先生は保護者にも人気があります。A 先生は保護者との面接で、とにかく保護者の話をよく聞き、保護者の話を否定しないようにすると言います。一方、B 先生も生徒に人気があります。保護者からの評判も悪くありません。しかし、面接を受けた保護者からは時々不満の声が届きます。B 先生も保護者の話を聞こうとはしているのですが、気がつくと B 先生が話をしています。

　人の話を聞くなんて誰にでもできることだと思うかもしれません。しかし、人が「自分の話を聞いてもらえた」と感じる時、そこには聞き手の積極的な関与が存在します。コミュニケーションの理解を深めることは、保護者と良好な関係を築き、保護者を支援していく上で大きな力となります。

第 1 節　教育相談における保護者とのかかわり

（1）保護者と学校教育

　家庭は子供が心身ともに成長していく場です。家族は子供にとって重要な存在であり、子供は自分を育ててくれる保護者から大きな影響を受けています。家庭環境や保護者の養育態度は子供の人格形成に大きく関与し、その影響は子供の学校生活にも及びます。保護者の言葉が、時には教師の言葉より強い力をもつこともあります。学校教育は、家庭の理解と協力があって成り立つといっても過言ではありません。

　『生徒指導提要』（文部科学省，2011）でも、保護者とのかかわりが重視されています。保護者と教師とのあいだに信頼関係が形成されなければ、子供への指

導効果は限られたものになってしまうと記されています。子供の健全な成長、発達を支援するために、保護者の協力は欠かせません。

（2）日頃からの保護者との交流

　教師にとって保護者は協力者であり、評価者でもある存在です。教師の理解者・協力者になってもらうには、保護者からの評価を得て信頼を獲得する必要があります。そのため、教師はしっかりとした教育実践をするだけではなく、それを適切に保護者に伝え、保護者のニーズを実践に生かすという対応が求められます（河村，2007）。教師は日頃から積極的に保護者と関わり、情報を発信していくとともに、保護者の意見を取り入れるという姿勢を示していくことが大切です。教師と保護者の日々の交流の積み重ねによって、相互の信頼関係が生まれます。

（3）保護者に対する教育相談の役割

　保護者は大きな期待と不安をもって子供を育てています。子供が学校に入学すれば、学校生活で起きるあらゆることが保護者の関心事になります。いじめや不登校、受験の問題などはニュースで取り上げられることも多く、子供以上に保護者が不安を感じていることも少なくありません。保護者がテストの評価に過剰反応したり、対人関係のトラブルで必要以上に感情的になったりするのは、こうした不安が背景にあると考えることもできます。また、保護者は教師がわが子を特別に扱ってくれることを喜ぶ一方で、ほかの子供たちと公平に扱われないことには敏感に反応します。学級全体を見ながら、長期的な視点で学級経営をしようとしている教師の立場からすれば、こうした保護者の態度は自己中心的に映るかもしれません。近年では、学校や教師に対する保護者からの過剰な要望やクレームが問題となり、学校はクレームを警戒して対策を立てています。しかし、一部の極端なクレームを恐れて、教師が神経質になりすぎることにも問題があります。教師が身構えれば、保護者は「受け入れてもらえない」と感じて、学校に不信感を抱くことになりかねません。

子供は成長する過程でさまざまな壁にぶつかります。子供が悩みを抱えて苦しむ姿をそばで見ているのは、保護者にとってつらいことです。また、子供が思春期を迎えると、身体の急激な変化とともに保護者に対する態度にも変化が起き、対応に戸惑う保護者も少なくありません。教育相談では、保護者の気持ちに寄り添いながら、教師は保護者と協力して子供の問題の解決を目指します。保護者自身も子育ての壁にぶつかり大きな不安のなかにある時、保護者と同様に子どもを心配し、保護者の気持ちを理解してくれる教師は、保護者にとって信頼できる心強い存在になります。

第2節　コミュニケーション

（1）コミュニケーションの定義

　コミュニケーションという言葉は、学問、研究分野で使われる専門用語である一方、日常的に使われる生活用語にもなっています。広辞苑によれば「社会生活を営む人間の間に行われる知覚・感情・思考の伝達。言語・文字その他視覚・聴覚に訴える各種のものを媒介とする」と定義されています。つまり、コミュニケーションでは言葉に限らず、姿勢や声の調子、身体接触も含めたさまざまな感覚を介して、知覚や感情、思考などの伝達が行われるということになります。そして、私たちはコミュニケーションを通して、相互理解や人間関係の形成を達成しようとしています。

（2）非言語コミュニケーションで伝わるもの

　コミュニケーションは、言葉による**言語コミュニケーション**と、身体の動きや表情、視線、声の調子といった言葉以外の要素による**非言語コミュニケーション**に分類することができます。コミュニケーションの大部分は言語によって行われていると思われがちですが、実際は非言語の部分が大きな割合を占めるといわれています。たとえば、「楽しい」と言いながらあくびをしている人を見たらどう感じるでしょうか。私たちは会話をしながらも、絶えず相手の表情

や動作（非言語メッセージ）を見て、相手の反応を確認しています。言語コミュニケーションは情報を伝え、非言語コミュニケーションは感情や気持ち、相手に対する態度、相手との関係性を伝えています。会話では言語メッセージと非言語メッセージが同時に発信され、受信されています。非言語コミュニケーションは無意識に行われていることが多いので、気づかぬところで本音の気持ちが態度に現れていることもあります。

（3）コミュニケーションにおける聞き手の役割

　話し手は、聞き手から発せられた共感や承認の非言語メッセージを受けて、自分は認められている、理解されていると感じます。お互いの気持ちが通じあうコミュニケーションは、私たちに喜びを与えます。こうしたコミュニケーションがくり返されることで、相互の信頼関係が生まれます。

　このように、話し手が自分の気持ちを伝え、聞き手に受け入れてもらえたと感じるには、聞き手の聞き方が鍵となります。まずは聞き手が話しやすい環境を整えます。そして、聞き手の共感と承認が話し手に自信を与えます。私たちは話すことに意識が向いてしまいがちですが、半ば無意識に行われている非言語コミュニケーションが、人間関係には重要な役割を果たします。話を真剣に聞く姿勢、受容的なまなざしは、相手の心に届きます。

（4）援助的なコミュニケーション

　人は相手が自分の話に耳を傾け、共感してくれることで、安心して自分の気持ちを伝えることができます。カウンセリングでも心理療法でも、そのベースになっているのは相談者とのあいだのしっかりとしたコミュニケーションです。つまり、カウンセリングの本質的な部分はコミュニケーションにあるといえます（吉本, 2000）。相談者が安心感とともに自尊心や意欲をもてるようなコミュニケーションは、カウンセリングによる援助に通じています。吉本はこのようなコミュニケーションを援助的なコミュニケーションと呼んでいます。人は他者に受け入れられたい、尊重されたいという欲求をもっています。そして、こ

れらの欲求が満たされた時、相手に対して安心感や信頼感をもつようになり、相手の言葉にも耳を傾けるようになります。援助的なコミュニケーションでは、相談者が「自分は受け入れられている」「理解されている」と感じられるよう積極的に働きかけます。

（5）援助的なコミュニケーションに役立つ基本的な技法

①リソース（資源）探し

その人自身のなかにあるもの（性格や能力、興味関心など）を内的リソース、人間関係にあるもの（家族や友人、教師など）を外的リソースと呼びます。問題や欠点に着目せず、その人が今もっているリソースを探して利用します。

②傾聴と共感

傾聴は、積極的に相手に注意を向けることで、相手を尊重する姿勢を示し、相手の「他者に受け入れられ尊重されたい」という欲求を満たします。

共感は、相手がどのように感じているのか理解することから始まります。人は自分が理解されていると感じた時、安心感をもち、相手の意見に耳を傾けるようになります。ただし共感された感情は強化されるので、否定的な感情にはあまり深く共感せず、肯定的な感情に注目して共感するようにします。

③チューニング（波長合わせ）

相手が今もっている意識的、無意識的な波長（調子）にこちらが合わせます。相手の感じているものに共感し、それを認めていることを言葉で伝え、相手に深い安心感をもってもらえるようにします。チューニングを怠り、一方的にこちらの理屈を相手に押しつけようとすると、相手からの抵抗を受けます（例：「子供の不登校を受け入れられない」「そうですよね、親なら子供に充実した学校生活を送ってもらいたいと思うのは当然です」）。

④リフレーミング

ある具体的な状況の意味を規定する枠組み（フレーム）を、他の枠組みに変えて、全体の意味を変えます（例：親の言うことに何でも反抗する→親から自立しようとしてがんばっている）。

第3節　教師と保護者のコミュニケーション

（1）教師と保護者の子供に対する認識のずれ

　私たちは家族、学校、クラブ、職場など、いくつものグループに所属しています。それぞれの環境に合わせて態度や言葉づかいを変えていますが、どれも自分であることには変わりありません。教師にとっての子供は、学校で生活する子供であり、教師は学校での様子を見て子供を判断します。一方、保護者は家庭で見せる姿で子供を判断するので、教師と保護者のあいだには子供に対する認識のずれが生じます。また、学校が重視している価値が、それぞれの家庭がもっている価値と一致するとはかぎりません。教師にとっては重要なことでも、保護者にとってはたいした問題に思えないということもあります。

　子供に対する教師と保護者の認識のずれ、価値観の相違を、教師は「家庭に問題がある」と受け止めてしまいがちです。教師のこうした気持ちは、言葉に出さなくても、非言語コミュニケーションで保護者に伝わります。非行的、発達的な問題を抱える子供の場合など、「親が甘やかしている」「親なんだからもっとしっかりやってほしい」という非言語メッセージが発信されているかもしれません。そうなると保護者は教師に反発し、教師はますます「家庭に問題がある」という思いを強くする悪循環に陥ってしまいます。

（2）保護者への援助的なコミュニケーション

　教師の言葉は保護者に大きな影響を与えます。保護者は多少なりとも子供と自分自身を同一視している部分があるので、教師が子供を誉めてくれれば、それは保護者の自尊心を高めることになります。その反面、ちょっとした問題を指摘されても不安になります。教師は子供の問題を客観的に指摘しているつもりでも、保護者は自分の子育てを非難されているように感じて、自信を失くしたり、教師に反発したりすることもあります。

　保護者の気持ちを理解し、良好な関係で子供の問題に取り組んでいくために、援助的なコミュニケーションが役立ちます。教師が保護者の話をよく聞き、保

護者に共感することで、保護者は教師に理解されているという安心感をもつようになります。教師にとっても、家庭での子供の様子や保護者の考え方を知る機会となり、あらたなリソースの発見にもつながります。何よりも教師が子供を肯定的に見てくれることは、保護者にとって心強いものです。保護者と同じように、教師も子供の将来を心配し、子供が楽しい学校生活を送れるよう願っていることが伝われば、保護者の協力を得られるようになります。

（3）保護者の信頼を得るために普段からできること

　保護者は子供の様子をよく見ていてくれる教師を信頼します。いつでも子供を肯定的に理解してくれる教師を信頼します。そして楽しい授業で学力をつけてくれる教師を信頼します。しかし、教師がこうした教育を実践しても、それを伝えていかなければ保護者の理解は得られません。保護者と良好な関係を作っていくためには、教師が日頃から積極的に保護者と関わり、情報を発信していく必要があります。

　全員の保護者に開示できる情報であれば、**学級通信**などで定期的に伝えます。小・中学校などの場合、子供が授業を受ける様子、休み時間の様子、給食時の様子などを伝えると、保護者は子供が学校でどのように過ごしているのかイメージしやすくなります。また、学校行事などで力を発揮できる子供の活躍だけでなく、日々の生活のなかで子供が見せる思いやりや、一人ひとりの子供の努力を伝えていくことも重要です。たとえば、子供の良い行いを教師が見つけて紹介すると（必ず全員分載せる）、取り上げられた子供の喜びや励みになり、保護者は子供の様子をよく見ていてくれる教師に信頼を寄せるようになります。

　個別連絡は教師の方からまめに行います。良い出来事や子供ががんばったことは、すぐに電話や連絡帳で保護者に伝えます。気になる行動があった時もその日のうちに電話で伝えます。保護者は教師がいつも子供に目を配っていてくれると感じて安心します。保護者会や学校行事で保護者が学校に来た時は、子供の様子を直接会って伝えることができます。教師が子供を認めてくれると、保護者は子供の見方が変わったり、育児に自信を感じたりします。

第4節　援助的なコミュニケーションを使った保護者支援

　子供に問題が起きると、それを自分の問題と受け止めてしまう保護者は少なくありません。自分の育児に問題があったのではないかと考え、親としての自信がもてなくなります。問題が深刻になれば、保護者の精神的な負担はさらに大きくなり、子供に冷静な対応をすることも難しくなります。

　本節では、援助的なコミュニケーションを使った保護者支援について、不登校を例に紹介します。教師は保護者を肯定的に理解することで、保護者に安心感や自信を与えるとともに、保護者自身が子供を肯定的に受け止めていけるよう働きかけます。

（1）保護者を理解する

　保護者支援は保護者を理解することから始まります。そのために、教師は保護者が安心して本音を語れる環境を整えます。**傾聴**と**共感**を使って、保護者が自分の気持ちを理解してもらえたと感じられるように話を聞きます。そして、親の思い通りに子供が動かず、つらい思いをしている保護者の気持ちに**チューニング**し、そこで得た共感を言葉で伝えます。たとえば「今はつらい時期ですが一緒にがんばりましょう」と教師が言うことで、保護者は状況を理解してもらえたと感じ、教師に安心感や信頼感をもつようになります。これだけでも保護者支援として力を発揮します。

　保護者に対する理解が進むと、教師はもっと広い視野で問題をとらえることができるようになります。教師は子供の問題を中心に考えていますが、時には子供の問題を一時棚上げにしても、家族の問題を先に解決した方が良い場合もあります。家族の問題が落ち着くことで、子供の問題が好転することも少なくありません。まずは保護者の話をよく聞き、保護者の状況に合わせた対応を考えることが大切です。保護者への共感や承認が足りないまま教師が自分の意見を主張してしまうと、保護者の反発を招くおそれがあります。

（2）保護者を支える

　同じ年頃の子供たちは元気に学校生活を送っているのに、わが子だけが学校に行かないというのは、保護者にとってつらいことです。登校させようとして子供にいろいろ働きかけても、すべてを拒絶されると保護者は途方にくれてしまいます。先の見えない状態のなか、保護者だけで子供を支えていくのはとても心細いものです。教師は子供が学校にいなくても、いつも気にかけているという姿勢をしっかり保護者に見せ続けることが大切です。

　教師が保護者の不安や焦りを理解し支えることで、保護者がゆとりをもてるようになると、親子の関係に変化が生まれます。そして、教師が子供の**リソース（資源）**に目を向けるよう働きかけていくと、保護者は子供の良い面を意識するようになります。保護者は不登校の原因探しから、リソースを利用して何ができるかを考えるようになります。また、子供の問題行動も**リフレーミング**を使うことで肯定的な側面が見えてきます（例：頑固→意思が強い、だらしない→おおらか）。保護者が今まで問題だと感じていたことが、実は子供の長所であると教師から聞かされると、保護者は子供に希望をもてるようになります。

（3）保護者の自信を回復する

　子供の不登校は、保護者の親としての自信を大きく傷つけます。子供は保護者の言うことを聞かず、保護者が子供に従わざるをえない状況になっています。他の家族から「しつけができていない」と責められている場合もあります。こうした状況は、保護者の混乱や自信の喪失につながります。教師は保護者の自尊心に配慮し、親としての自信を取り戻せるように支援します。保護者のやり方に敬意を払い、うまくいっていることに焦点を合わせます。子供の対応では保護者の考えを尊重し、子供の一番の理解者は保護者であることを伝えます。

　また、不登校を生涯発達の視点から**リフレーミング**することで、保護者の不登校に対する認識が変化し、不登校の肯定的な側面を意識できるようになります。私たちは不登校を通して、児童期、青年期の危機に直面した子供が、もがき苦しみながらも**アイデンティティ**を確立していく過程を目撃しています。教

師が「子供は挫折しながら『私は私である』という自分の価値を獲得しようとしている」と不登校の子供を肯定的に評価することで、保護者の子供に対する見方が変わります。保護者は子供に対してなす術がないのではなく、子供が壁を乗り越えていく姿を見守っていると感じられるようになります。家庭と学校が連携して子供の成長を支えていくという形になれば、保護者は自信を回復し、積極的に教師に協力してくれるようになります。

（小林　麻子）

〈引用・参考文献〉
石川正一　2014　カウンセリング論入門　創風社出版
角田豊・片山紀子・小松貴弘（編）　2016　子どもを育む学校臨床力——多様性の時代の生徒指導・教育相談・特別支援——　創元社
河村茂雄　2007　教師のための失敗しない保護者対応の鉄則　学陽書房
文部科学省　2011　生徒指導提要　教育図書
森俊夫　2000　先生のためのやさしいブリーフセラピー——読めば面接が楽しくなる——　ほんの森出版
吉本武史（編）　2000　教師だからできる５分間カウンセリング——児童生徒・保護者への心理的ケアの理論と実践集　学陽書房

〈読者のための読書案内〉
＊河村茂雄『教師のための失敗しない保護者対応の鉄則』学陽書房、2007年：保護者対応の基本から実践まで、詳しく丁寧に紹介されています。困難に見えるケースも、基本の対応は同じであることがわかります。
＊森俊夫『先生のためのやさしいブリーフセラピー——読めば面接が楽しくなる』ほんの森出版、2008年：ブリーフセラピーの考え方、面接の進め方がわかりやすく書かれています。面接の逐語記録を使った解説がとても具体的で、すぐに実践で使えます。
＊広田照幸「日本人のしつけは衰退したか——『教育する家族』のゆくえ」講談社現代新書、1999年：「家庭の教育力は低下した」というイメージは作られたものであり、事実と異なることを筆者は当時の資料から分析します。社会の変化が家庭や学校にもたらした影響を構造的に理解することができます。

12

学級担任が行う教育相談

　人の悪い所を見つけるのが医者の仕事、人の「いいところ」を見つけるのが教師の仕事、といわれています。

　学級担任がクラス全員の「いいとこさがし」をする姿勢は子供たちに伝わり、お手本となって児童生徒同士にも相手のポジティブな側面に着目するような関係性が築かれていきます。学級は学習課題を学ぶ場であるとともに人間関係を学ぶ場です。苦戦している子、つまずいている子などさまざまな、二次的・三次的援助サービスを必要としている子も「いいとこさがし」という予防・開発的な活動のなかでベストな成長をしていきます。担任は集団を動かしつつ、どのように個に関わるといいのか、「チーム学校」としてどのように連携するといいのか。3月の学年末に「このクラスの仲間でよかった」と学級の一人ひとりが実感するような準拠性の高い集団づくりをすることこそが、学級担任の行う教育相談であると確信しています。

第1節　より良いクラスづくりのために

（1）学級崩壊の予防

　かつて、3学期から学級の立て直しのための活動をしたことがあります。そのクラスは秩序が乱れ、保護者が輪番で教室内に待機していても授業が成り立たない状況にありました。学年末にある保護者から、家庭でもいらいらしているわが子を毎晩抱きしめながら過ごした、親子ともに本当に辛い時期だったという手紙をもらいました。学級崩壊がどれだけ子供たちの学習課題の達成を阻害し、情緒的にも不安にさせるものなのかと実感した出来事です。学級を崩壊させないことが何より大事だと考えます。これは中学校や高校でも同じであると考えます。教科によって担当する教師は変わりますが、学級担任がクラスメ

ート一人ひとりをどのようにとらえ、どのようなクラスにしていきたいか、という意識は生徒に強く伝わります。

（2）春休みからのクラスづくり

　今年は誰と出会うのだろう、と期待感がいっぱいの春休み中の出勤。子供たちと同様に、教師も今年度の学級経営や取り組みたい研究などについて意欲をもっています。各地域や学校規模などによって実情は変わりますが、おおまかな春休み中の準備について、小学校の事例を中心に紹介します。キーワードは「丁寧に」「一人ひとりを大切に」「見通しをもって」「円滑なコミュニケーション」の４つが考えられます。また、すべての取り組みに「チーム学校」の視点は欠かせません。

①春休み中の職員会議

　最初に校長から経営方針が発表になり、１年間の屋台骨が決定する大事な会議です。各校務分掌（学校内の仕事の役割分担）からの提案も丁寧に把握します。

　この場面で、受け持つ学年やクラスが決まる地域もありますので、子供一人ひとりに関する、ほう・れん・そう（報告・連絡・相談）を軸とした教師同士の円滑なコミュニケーションは必須です。とくに「配慮を必要とする子」の具体的な情報交換は、始業式からのいい出会いのために一番大切なことです。

②春休み中の学年会

　かつて聞かれた「学級王国」のような、学級経営は自己責任でやるから他学級に口は差し挟まない、といった考え方は不適切です。しかしすべて学年で足並みをそろえて統一するというのも不自由なので、それぞれの教師が個性や持ち味を発揮し学びの多い充実した１年間にしていきたいものです。

　a）学級経営案：まずは各担任が「どんなクラスづくりをしていきたいか」という学級経営の基本について明らかにします。「いいクラス」にしたいと願うのは当然ですが、いいクラスの具体像とそのための手立てを明文化するのは重要な意味があります。「学級経営案」は「自己評価」と重複する部分もありますが、自分の指導をふり返り、次の方策を考えるため抽象的な表現ではなく

具体的に記述し活用します。

　b）教材選び：たとえば、国語ノートは２年生では12マスだったから３年生では15マスから始めましょう、漢字指導は、算数のドリルは、社会と理科は、体育のカードは、テストは、等の情報交換を活発にしていくなかで今年度の教科指導の方法が明確になっていきます。メンバーの経験と知恵を出しあい、より良い方法を開拓できる時間でもあります。作品を教室掲示するためのクリアホルダー、作品ファイルなど子供が表現したものを丁寧に扱うための準備もします。とくに新任教師がいる場合は確認しながら一つひとつ具体的に行います。

　c）学習環境づくり：机の全面名札・黒板名札・ロッカー名札・廊下フックのナンバー・靴箱ナンバーなど一人ひとりの定位置をしっかり決めておくのも春休み中の仕事です。

　これは子供たち一人ひとりに「あなたの居場所はここですよ」というメッセージを送ることにつながります。絵の具セットや習字セット、音楽セット、国語辞典など個人の学習用具をどこに保管させておくかも学年で考えます。整理整頓を苦手とするタイプの子供も増えていますので、置き場所が見てわかるような表示の工夫もします。衛生面を考慮した水筒の置き場所も重要です。

　d）当番と係：当番とは「クラスになくてはならないもの」であり、日直・給食・清掃などのことです。係は「クラスにあったら楽しいもの」ととらえます。当番はどのように進めるかも学年で確認しておく必要があります。

　e）呼名と号令：子供たちを尊重するという考え方に基づいて、授業中は性別関係なく「〜さん」と呼名する場合が多くなっています。授業のはじめのあいさつ・終わりのあいさつなども、各学校で決められたやり方がある場合はそれを採用します。

　f）事務仕事を楽しむ：春休み中は事務仕事が大量にあります。作業効率のため寡黙に行う場合もありますが、時には子供たちの愉快なエピソードなどの情報を交わしあうことで、申し送り書に記載のない子供の貴重な一面を知る機会にもなります。２週間程度の学習計画を教務手帳（週案）に記述していきますが、確認事項とともに子供たちの情報（自宅の地区・下校先・アレルギー等）も

メモしておきます。この週案が指導の生命線となります。この週案は学級経営のために大変重要なので、年間通して活用していきます。

　以上のように春休み中は重要な時期です。ここでの準備が順調に進むことが「いいクラスづくり」に大きく貢献します。一人ひとりの子供たちと丁寧に接するために、円滑なコミュニケーションで見通しをもって取り組みましょう。

（３）黄金の20時間
　よく黄金の３日間とか１週間などといわれています。なぜ黄金なのかというと、子供たちは新しい仲間の様子を見ている、新しい先生への興味関心が高まっている、進級したので頑張りたいという意欲がある等が考えられ、この期間は指示が伝わりやすいのです。授業時数に換算すると始業式を含めて20時間程度になり、ここの過ごし方で、学級がうまくいくか、あるいはまとまらずに、集団として低迷した状態になるかがみえてきます。

①始　業　式
　落ち着いた笑顔で子供たちと出会うため、始業式の日の準備には念を入れます。言葉の指示だけでは伝わりにくいタイプの子供もいますので、混乱しないように新しい学年に関することの掲示を工夫します。初日は教科書や書類など短時間にたくさんのものを配付しますので、前の方から後ろの人に渡す際のマナー「どうぞ」「ありがとう」などもここで指導できるのが理想です。ルールを守っている、指示に従っている、集中しているなど、当然ともいえる行動ですが、「さすが○年生ですね、かっこいいですね」と低学年なら動作を大きく、高学年なら、さり気なく伝えます。

②学　習　規　律
　号令・姿勢・机上や引き出しの学習用具の配置・ノートのとり方・丸つけしてもらう時・挙手の方法・発表の方法・連絡帳の書き方・体育着の着替え方・提出物のルールなどさまざまな学習に関する取り決めがあります。伝え方の留意点は、「その子なりにきちんと取り組んでいたら褒める」ということです。できていないことを「叱る」より早く定着するというのが実感です。

③当　　番

　日直・給食当番・掃除当番などが該当するかと思いますが、「キャリア教育」としての観点からも大切な活動です。留意点はこの仕事は誰の担当であるかが明確に示されることです。見やすく、皆が理解しやすい表を工夫します。頑張っている子を褒めることでモチベーションが高まります。

④定　位　置

　学級が崩壊的になっているクラスは、雑然としているものです。個人の学習用具や雑巾、皆で使うもの（ボール）などの定位置を最初に決め、使ったものは元にもどすということをくり返し伝えます。整理整頓され、生き生きとした植物などのある教室は、子供たちの思考や行動にも好影響を与えるようです。

⑤学　級　目　標

　学習や生活の決まりとともに、一番重要視したいのが「人間関係の決まり」です。始業式の日の宿題は「どんなクラスにしたいか」を書いてくることとし、それに従って学級目標を定める学級会を開きます。やさしい・楽しい・がんばる・仲のよいなどが毎年の共通した言葉です。相手がいやな気持ちになるような言葉（ばか・うざい・きもい等）は言わない、仲間外れをしない、相手を傷つける行動をしない、などの確認をきちんと行います。「ふわふわ言葉とちくちく言葉」（髙橋，2004）などを授業として行うことも効果的です。このクラスでは「いじめ」はご法度なのだと最初に理解させることが肝心です。中・高生でも「信頼関係」が基本であることを体験的に伝えます。その際、構成的グループエンカウンターの活動は有効です。

第2節　「いいとこさがし」ができるしくみづくり

（1）学　習　予　定

　学習の見通しを立てることは、大変重要です。朝教室に入った時、黒板に当日の予定について、教科・教科書のページ等が明示されていると子供たちは主体的に授業に取り組めます。突然の予定変更に適応しにくいタイプの子もいま

すので、皆と同じようにできるという体験を積み重ねやすいように「丁寧に」教室中に手掛かりを作ります。「見通し」がもてることで子供は障害の有無にかかわらず安心して取り組めます（冨田，2016）。

（2）黒板展覧会

　作品を黒板に磁石で貼りつけそれを皆で鑑賞しあうという場面は図工などでありますが、どの教科でも子供たちが表現したものはできるだけ全員の子に提示し、他者への関心を喚起させることが大切だと考えます。習字・行事絵日記・社会科新聞・観察シート・お礼状などさまざまな活動がありますので、仕上がった子から黒板に掲示することで、構想がまとまらない子には手がかりとなります。仕上がった子は皆の作品を静かに見て回っていいことにします。習字などは、「○○のはねっぷりがいいね」と自然に「**いいとこさがし**」が始まり、単にうまいか否かという基準ではなく、作品を観る目が養われてくるとともに仲間意識が高まる（原田，2008）活動となります。

（3）子供が表現したものは貴重品

　毎時間のノートやプリント、テストなどはできるだけ早くレスポンスします。子供が表現したものはすべて「見ましたよ」というマークを記入します。宿題なども毎回のレスポンス（マークや花丸）が、次回の意欲につながります。黒板展覧会での作品もマークに加えて赤ペンの一言をそえてから、クリアホルダーに入れて全員が鑑賞できるようにします。学習シートには縦書きと横書きがありますので、ホルダーからそれぞれのファイルに移し重ねていくことで、貴重な作品集が1年間に2冊仕上がります。

（4）教科のなかでもいいとこさがし

　学級の皆からポジティブなフィードバックを相互に行う機会は、学級活動や道徳に加えて各教科に「いいとこさがし」のしくみを作ります。内容が焦点化されているので子供たちはやりやすいようです。

①国語・総合・理科の観察シート・社会科見学新聞等・行事絵日記

作文や感想文は仕上がった子から静かに提出に来るよう伝えます。先生のマークをもらった子同士が作品を交換して読み、ここがいいね、などのフィードバックを送りあいます。

②図　　工

作品を「いいねシート」とともに机に並べます。作品を鑑賞しながら、ここがいいね、と記述していきます。シートの欄は10人分くらいにして全員が10人からフィードバックをもらえるようにします。子供は興味深い視点をもっていることがあり、教師もあらたな発見をすることがしばしばあります。

③体育・音楽・英語

できたかどうかが明確に伝わる教科です。そこでの「いいとこさがし」は、あくまでも「昨日と比べよう」と投げかけます。少しでも前進したら皆で喜びあえるような関係が、子供たちの健全な社会化を促します。序列を作るような比較は、不得意な子の意欲が下がるばかりになるので留意が必要です。

（5）保護者会は子供の「いいとこさがし」をするチャンス

「私は私の子が好きです、なぜなら〜だからです。」という定型文を板書し、5〜6人のグループで保護者が順番に発表していくエクササイズは有効です。保護者同士が子供に対してどう思っているのかがわかりますし、弱点や課題点だけではなく「いいところ」をより伸ばしていきましょうという教師の姿勢が伝わります。筆者がクラスで実施した際には「親ばか丸出しでいいのだ」「そのままのわが子を愛おしく感じた」という感想が多くありました。教師やほかの保護者に自分の話を受け止めてもらえて良かったという体験が、保護者会には必要だと考えます（原田，2009）。

（6）教師用の棚に鏡を設置

今日は突発事項が多くてなかなか予定通りに進まない、雨天でエネルギーを校庭で発散できないためか子供たちが落ち着かない、大声で注意しても効果は

一時的で、自分の表情が険しくなってくるのがわかります。こんな時、背後にある本棚の背面に設置してある鏡をのぞき、口角を上げ目尻を下げて深呼吸をします。そのうち鏡に映る表情が本物の笑顔に見えてくるので不思議です。

　教師は課題を見つけてもそれに振り回されず、「いいとこさがし」のできる心理状況に自分をコントロールする力が必要です。鏡はそれを手助けしてくれます。

 ## 第3節 ： 集団活動のなかで個別対応をする工夫

（1）教室のなかは機能的に

①机の配置

　前面黒板から2.7mくらいは「先生のステージ」として確保します。教卓は子供の視線をさえぎるので真正面には置きません。子供と距離が近づくほど教師の全身が見えなくなり、騒がしくなるように思います。教師は子供の前で身振り手振りを交えながら表情豊かに授業を進めていきます。広いステージは子供たちの発表の場面にも柔軟に対応できます。全員が発表に集中している時、個別指導の必要な子の近くに寄り添えます。授業内容に応じて、一重円の外向き・内向き・田の字型・風車型（永見，2011）などを工夫することで視線が変わり新鮮な気持ちで取り組めるようになります。また個別に声をかけたり丸をつけたりしやすいように、机の間隔を工夫します。

②教師の立ち位置

　ステージの真ん中にテープで目印をつけます。「教師用の机にいる時は何でも教えてね。でも先生がまん中にいる時はしっかり聞きます。個人的な話はしません」と伝えます。傾聴するためのルールはクラス全員のためになり、ステージで発表する子に集中する習慣ができます。

③お悩み相談

　授業中でしたら「ここからは算数相談コーナーへどうぞ」と言って給食配膳台などを用意し、サポートが必要な子を集めます。自力で進められる子との場

所を分けるのです。学習支援員と TT（team teaching）でできると効果が上がります。

　また、子供は個別の場面になると最近の友だち関係のことなども教師に打ち明けやすいようです。家庭訪問の時は「先生ランチ」と称してその日に訪問する予定の子供たちを招待し、一緒に給食を食べながら話を聞きます。各班を教師が回って一緒に食事する形も有効です。食事中は家庭のことなどの話も弾みます。

（2）「チーム学校」が基本

　さまざまな課題を抱え配慮を必要とする子が増えていますので、担任がすべて背負うことは現実的ではありません。学級担任は管理職・学校内の各組織・外部の専門機関、そして保護者とも連携しながら学級経営を行うことが基本です。

①不登校傾向のある子

　昨年度の申し送りで把握し、不登校傾向のある子などは、春休み中に面談を実施して本人や保護者の不安を軽減させることも必要です。担任ともリレーションができ、新しい教室を見学しておくことで子供に心づもりもできます。

②ヘルプカード

　教室では突発事項が発生する場合があります。教室名が書かれたカードを子供が職員室に届けた場合「すぐ誰かに駆けつけてほしい」という合図であると確認しておきます。子供の怪我・パニック状態・授業が始まっているのに子供が戻らない・嘔吐・給食時の食缶倒し等さまざまですが、担任が教室を空けてしまうと2次的な混乱を招きます。不審者対応の観点からもヘルプカードには意味があると考えます。困った時は皆で知恵や力を出しあって、連携プレイで乗り越えるという風土が学校にあると学級のなかにもそれが育ちやすくなります。

　3月の学年末には「別れの花束」のエクササイズを行います。「ありがとう」「大好きだよ」「これからも友だちでいようね」という記述のなかに、このクラ

スの仲間でよかったという気持ちが表れています（原田, 2008）。学級担任の行う教育相談は「丁寧に」「一人ひとりを大切に」「見通しをもって」「円滑なコミュニケーション」で、いいクラスづくりをすることで実現すると実感しています。

（原田　友毛子）

〈引用・参考文献〉

國分康孝・國分久子（監修）　2009　エンカウンターで保護者会が変わる——保護者と教師がともに育つエクササイズ集　小学校——　図書文化社

原田友毛子　2008　教科の中でも「いいとこ探し」で自信をつける　会沢信彦・品田笑子（編）　自分とも友達ともポジティブ・コミュニケーション——かかわりをトレーニングするワーク＆ワークシート——　ほんの森出版　pp.24-29.

原田友毛子　2009　小学校中学年で、魅力ある学級をつくる　指導と評価9月号　図書文化社　pp.18-21.

国立教育政策研究所　2015　特別活動（小学校編）

国立教育政策研究所教育課程研究センター　2018　特別活動（小学校編）　特別活動指導資料

永見佐由美　2011　状況・活動に合う席の配置　曽山和彦（編）　子ども集団が動く学級づくり　教育開発研究所　pp.24-25.

髙橋光代　2004　ふわふわ言葉とちくちく言葉　國分康孝・國分久子（総編集）　構成的グループエンカウンター事典　図書文化社　pp.476-477.

冨田久枝・松浦俊弥（編）　2016　ライフステージの発達障害論——インクルーシブ教育と支援の実際——　北樹出版

〈読者のための読書案内〉

＊國分康孝・國分久子（監修）『エンカウンターで保護者会が変わる』図書文化、2009年：保護者と教師がともに育つエクササイズ集としてまとめられた本です。保護者会はチャンスです。対人マナーなども新任教師に向けて詳述しています。

＊曽山和彦（編）『子ども集団が動く学級づくり』教育開発研究所、2011年：すぐに役立つ学級経営の秘訣が満載です。気になる子とまわりの輪のつなげ方や教室環境をどう整えていくか、子供が動く教師の呪文など必見の書です。

13

学校全体で進める教育相談

「チーム学校としての学校の在り方と今後の改善方策について（答申）」（文部科学省，2005）では骨子を以下４つにまとめて、学校の未来像を示しました。

①学校組織運営体制の強化、校長のリーダーシップやマネジメントのもと、スクールカウンセラー等、多様な専門スタッフによる校務の運営。②教員の教育指導への専念。③コミュニティスクール等を活用した地域とのあらたな連携。④教員以外の専門スタッフの登用とその連携・協働。具体的には、心理や福祉支援スタッフ（SC、SSW）、授業支援スタッフ〈ICT支援員、ALT（外国語指導助手）、学校司書、学習サポーター〉、部活動支援スタッフ（部活動指導員）、特別支援教育支援スタッフ（特別支援教育支援員、看護師）などが考えられます。

チーム学校は新しい教員指導体制と学校マネジメントのあり方の提案です。学校組織が効果的に機能する業務のあり方を見直し、教員の多忙化の解消を課題にしながら多職種協働を進めるのがチーム学校の理念と考えます。新しい教育相談は、問題を担任１人が抱え込まず、さまざまな立場の教員が組織的に学校全体で行うものと考える時代になりました。ここでは主に教員を中心とした教育相談専門スタッフの校内教育相談体制について考えます。

第１節　組織的な取り組みの必要性

　教育相談は学校生活において子供と接する教員にとって不可欠な業務であり、学校における基盤的な機能の１つといえます。学校が一体となって進める校内組織体制を編成し、整備していくことが必要と考えます。また、組織的な教育

相談体制づくりに対する教員一人ひとりの理解や意識向上が不可欠です。

　組織的な教育相談は子供との面接を基礎にした個別支援のみの基本構造と違い、組織的な**マネジメント機能**を生かしたものであり、複数の教員や他の専門スタッフとの連携・協働力が問われます。そこでは子供の理解や対応を巡って意見の食い違いや共同守秘義務の厳守等の軋轢（あつれき）は避けられません。支援スタッフ同士の**コミュニケーション能力**やケース事例を俯瞰的（ふかんてき）、客観的、多角的に判断でき、自己コントロールできる**メタ認知能力**もますます重要になります。

第2節　校内組織体制とさまざまな役割

　ここでは学校全体で進める教育相談体制において、教育相談の校内組織はどのようなものか、その中心的な役割をもつスタッフはどのような人々で、その役割は何かを明らかにしながら、その連携・協働のあり方を考えます。

（1）教育相談の校内組織

　全校あげて教育相談を効果的に進めるためには、校務分掌（こうむぶんしょう）でその役割と位置づけが明らかにされる必要があります。教育相談に関する校内組織（校務分掌）は以下の4つに分けられます。以下のどのような組織が望ましいかは子供の実態、地域性や学校種別・規模、教職員構成を考慮して考える必要があります。

表13-1　教育相談に関する校務分掌

①	教育相談部として独立しているもの
②	生徒指導部、進路指導部、学習指導部、保健部のなかに教育相談係として盛り込まれるもの
③	関係する各部門の責任者で構成される委員会として設けられるもの
④	あらたな特別支援教育の分掌組織のなかに組み込まれるもの

（2）教育相談における中心的なスタッフの役割

　教育相談推進のスタッフは以下の①〜⑥の職種がとくに注目されるとともに、**生徒指導主事、学年主任**、実践力が抜群な**指導教諭**などの中間管理職は組織的

な連絡・調整を図るコーディネーターとしての役割が期待されます。

①管理職（校長、副校長、教頭）など学校リーダーの役割

　管理職（校長、副校長、教頭）または管理職を補佐する**主幹教諭**はチーム学校のリーダー、組織全体のオーガナイザー（まとめ役）として、学校の教育目標を示し、教員や**スクールカウンセラー（SC）**、**スクールソーシャルワーカー（SSW）**の意識や行動の方向性の共有を図りながら学校を運営し、教員や SC、SSW が一体となった相談活動が行われるようなリーダーシップをとる必要があります。教育相談が学習指導、生徒指導、進路指導等の場面で適切に位置づけられるように学校内の環境の整備や教員、SC、SSW への指導助言を行う必要があります。学校心理学では**マネジメント委員会**と称し、学校の経営の意思決定を図ります。具体的には以下の9つの役割が考えられます。

表13-2　学校リーダーの役割

① 教員、SC、SSW 等が連携した体制づくり	
② 学校、学級および子供の微妙な変化を見逃さない体制づくり	
③ 教育相談コーディネーターの配置・指名	担任以外の教員、持ち時間の考慮等、専念できる配慮
④ 支援計画や相談体制の点検・評価の実施	
⑤ SC、SSW への理解の促進	
⑥ 相談活動環境の整備	相談室、SC、SSW の職員室の席確保など
⑦ 教員への心理的サポートと指導助言	
⑧ 保護者への対応	
⑨ 地域への教育相談的啓蒙	

②養護教諭の役割

　養護教諭は子供の健康を守り、心身の悩みなどにも対応する職務です。身体の救急処置、健康診断、疾病予防等に保健管理、健康相談、保健室経営など、さまざまな業務が考えられます。その職務の特徴は、全校の子供を対象に入学から経年的に子供の発達を見ることができ、その活動の多くは担任や保護者との連携のもとに行われています。また、活動の中心となる保健室はだれでもいつ

でも利用でき、安心して話を聴いてもらえる場でもあります。さまざまな問題を抱えている子供が来室する保健室では日常の子供の変化を敏感に感じとれるため、問題の早期発見・早期対応に努めることができます。学級担任や管理職、教育相談部、SC、SSW と連携して情報の共有を図り、対応に当たることが大切です。

③学級担任（ホームルーム担任）の役割

学級担任（ホームルーム担任）は計画的に、随時、学校で第一義的に子供の不安や悩みを傾聴する必要があります。相談を通して子供理解も深まり、問題の早期発見・早期対応も可能になります。今後、学級担任は一人で問題を抱え込まずに連携して進める組織対応の意識改革が求められます。

④教育相談担当教員（教育相談コーディネーター）の役割

これからの**教育相談コーディネーター**は子供の問題解決に向けた学校という組織体の連絡調整を図ることが求められます。以下、9つの役割が考えられます。

表13-3　教育相談コーディネーターの役割

①	担任、養護教諭等のサポート
②	SC、SSW の学校内外への周知と連絡調整
③	相談活動の計画・立案（チーム支援も含む）
④	子供、保護者、教員の調査研究（ニーズ把握）と情報提供
⑤	校内ケース会議の企画運営
⑥	個別記録等の情報整理
⑦	校内研修の企画運営
⑧	外部の関係機関との連絡調整
⑨	危機介入のコーディネート（マニュアルづくり、危機対応チームの組織化）

⑤スクールカウンセラー（SC）の役割

心の専門スタッフとして、カウンセリングの知識や技術を駆使して、児童生徒の悩みや不安を受け止めて相談にあたり、関係する教員と協働するとともに、関係機関と連携して必要な支援を行います。

⑥スクールソーシャルワーカー（SSW）の役割

社会福祉の専門スタッフとして、福祉分野の知識・技術を活用し問題を抱え

た子供の環境に働きかけて学校、家庭、地域をつなぎ、問題解決に向けて支援
をします。

学校において、組織的な連携・支援体制を維持するためには、学校内に児童生
徒の状況や学校外の関係機関との役割分担、SC や SSW の役割を十分理解し、
初動段階でのアセスメントや関係者への情報伝達等を行う教育相談コーディ
ネーターを中心とした教育相談体制を構築する必要がある。（文部科学省，2017）

 ## 第3節　チーム支援と校内連携のポイント

（1）チーム支援の意義と問題点

『**生徒指導提要**』（文部科学省，2011）によれば、**チーム支援**とは「問題を抱え
る個々の児童生徒について、校内の複数の教職員やスクールカウンセラーやス
クールソーシャルワーカーなどがチームを編成して児童生徒を指導・援助し、
また、家庭への支援も行い問題解決を行うもの」とされています。

　子供の問題行動の背景には家庭環境も含めてさまざまな環境が影響していま
す。困難な事例では学級担任だけで悩んで躊躇しているうちに深刻な事態にな
りかねません。早期発見・早期対応が求められています。いち早く、学校内で
情報の共有を行い、チームを組んでの対応が不可欠です。

　多くの学校では生徒指導主事や教育相談担当教員（教育相談コーディネーター）
が中心となり、定例の生徒指導部会や教育相談部会が位置づけられています。
学校心理学では**コーディネーション委員会**と呼ばれ、学校レベルで定期的に開
催されます。困難な事例検討や個別支援チームの連絡・調整をします。問題を
抱えた子供の情報交換をしたり、具体的な支援方法を検討したり、時には特定
の子供を支援する個別の援助チームを作る場合もあります。

　組織メンバーにはコーディネーター役の生徒指導主事、教育相談コーディネー
ターや学年主任を中心に養護教諭、学級担任だけでなく、時には関係する教
科担任、部活顧問、**特別支援教育コーディネーター**などさまざまな立場の教員

がいます。時には管理職やSC、SSWが入ることもあります。支援者が連携・協働しあうことで問題を抱えた子供に多角的・包括的な援助が可能となります。

チームによる支援の形は3つあります。①上記のような**校内連携型**、②教育委員会や関係機関などが権限と専門性を生かして連携する**ネットワーク型**、③学校が地域に重大な混乱を起こす事件（自殺、殺人、薬物乱用、性被害、深刻な児童虐待）に対して緊急対応を行う**緊急支援型**があります。

チーム支援では学校に関わる多様な人材を活用して、専門的な立場からの助言を柔軟に取り入れていくことで、早期発見・早期対応につながります。しかし、この連携・協働体制を作り、継続的に運営するのは非常に難しく、現場レベルではさまざまな困難な問題が露見しています。チーム支援の問題として以下の3つが考えられます。1つ目は問題の抱え込み現象であり、学級担任は学級に問題があるのは自分の能力不足と思われてしまうという危惧から、よほどのことがないかぎり、同僚に援助を求めることを嫌い、最後まで自分1人で抱え込もうとする傾向があります。2つ目は相互不干渉意識です。教師はそれぞれの専門性や独自性を尊重し、互いの仕事に干渉しない文化が従来ありました。3つ目は指摘の失敗です。山口（2008）は指摘の失敗をチームエラーの1つとして考え、同僚がミスをしてもそのミスを指摘しない現象で、もっとも起こりやすいとしています。山口（2008）は看護師を対象の研究成果から業務においてミスが発生してもミスを犯した人との対人葛藤を回避しようとして同僚のミスを指摘しない事実を実証しました。教員たちにも同様に同僚との人間関係を壊したくないのでミスを指摘しないという傾向が考えられます。

（2）校内連携のポイント

田村・石隈（2001）の中学校教師に対する被援助志向性の研究により被援助志向性が低く、同僚に援助を求めない教師はバーンアウトの傾向が高いことを実証しています。石隈（2000）はチーム援助志向性尺度を開発し、教師のフォーマル（公式）、インフォーマル（非公式）なコミュニケーションが援助志向性と関連していると実証しました。山口（2012）の中学校教員対象の研究では管

理職**マネジメント委員会**で情報を共有し、主任層が学年会や委員会、保健室・相談室に協力を仰ぐことがチーム援助の成功の鍵としています。西山・淵上・迫田（2009）の小・中・高校教員対象の教育相談が定着するための研究では広報活動、情報収集、マネジメントシステム、職場の協働的風土の影響をあげています。水野・中林・佐藤（2011）の研究では職場の協働的雰囲気と被援助志向性の相関を提示しました。水野（2014）は上記の実証研究や自身の経験からチーム支援を学校に定着させるポイントを4つ提案しています。筆者の見解も加筆してまとめると以下のように考えられます。

表13-4　チーム学校を定着させるポイント

①援助の目的の共有	参加者全員で具体的な支援の行動目標を検討します。主要支援者（学級担任）の提案を尊重してコンセンサス（合意）を図り目的の共有をします。
②アクションプランの作成	子供のアセスメントを多角的に検討し、30〜40分で行動レベルのアクションプラン（誰がいつ何をするのか）を考えます。時間経過を丁寧にふり返り、アクションプランの目的達成まで修正を図りながら連携して行動します。
③教師の心理的負担の軽減	担任の心理的負担を考慮し、チームで子供のために具体的に支援できることを中心にコンセンサスを図ります。
④会議の参加・人数の構成	会議に参加する人数やメンバーにはいろいろな考え方があります。ケースによって変える場合と常に固定化するメンバーの配置も考えられます。また、管理職が参加するかどうかは大きな影響があります。プラス面は支援計画の決定・実行や外部との連携の方針についてその場で決定できます。マイナス面は管理職の人間性にもよりますが、なんでも話せる自由な雰囲気が阻害される場合もあります。ケースによっては保護者の参加もメリットがあるかもしれません。SC または SSW が参加できるとさらに強力で効果的な支援につながる可能性が広がります。

　さらに、援助チームは子供のケースごとに作られるので、校内に複数のチームが立ち上がっている状態では、チームのニーズに応じた活動を整理する役割のコーディネーターが必要となります。また、保健室や相談室の運営や保健室登校、別室登校などのケースでは、チームの目標を達成するために、人材や組織を学校経営的にマネジメントする管理職のオーガナイザー（まとめ役）的な

支援が必要となります。支援ニーズの高い子供一人ひとりに合った最適なチーム支援を提供するには校内外の援助資源をよく見て、教育相談スタッフの強みを活かしながら無理なく長続きする支援を探ることが大切です。

第4節 ： チーム支援の進め方

（1）ケース会議のもち方

ケース会議は事例検討会やケースカンファレンスともいわれ、関係する教員や専門スタッフ（SC、SSW など）が集まり、対象となる児童生徒の解決すべき問題や課題となる事例（事象）を個別に深く検討することによって、その状況の理解を深め対応策を考える方法です。ケース会議の場では対象となる児童生徒のアセスメント（見立て）やプランニング（ケースに応じた目標と計画を立てること）が行われます。事例の状況報告だけでは効果のあるものにならないことに留意が必要です（文部科学省，2011）（ケース会議の中心スタッフは第13章第2節(2)を参照）。とくに、ケース会議では話しあいをしただけで、具体的な解決策を考えるところまでは至らず、情報交換で終わってしまうことのないようにしたいものです。

校内ケース会議を行う際にはまず構成メンバーが決定されます。すでに学校では子供の問題が生じたら関係者会議の開催は自然になされています。数多くの職務を担当している、多忙な教員が時間を調整して集まる以上、相談担当教員（教育相談コーディネーター）が会議を有意義なものにコーディネート（連絡・調整）することが大切です。教育相談コーディネーターは会議方法（ブレーンストーミング法、KJ 法、インシデントプロセス法など）の検討と決定、事例検討フォーマットの活用、会議結果の全教員への周知と協力依頼などを行う必要があります。

（2）ケース会議のプロセス

ケース会議では学校組織としての共通理解を深め、アセスメントをもとに支援的かかわりの方針を決定します。問題行動の内容によって事態の緊急度が異なるので、1つとして同じようなケース会議はありません。ケース会議のプロ

セスと留意点は以下のようになります。

表13-5　ケース会議のプロセスと留意点（文部科学省，2011）

①チームによる支援の要請。深刻な事案が担任や保護者などから相談があった場合に生徒指導委員会などの校内委員会でチーム支援の必要性を検討します。
②アセスメントの実施。ケース会議で対象児のアセスメント（情報収集と分析）、暫定的な目標や方法を検討します。
③個別の支援計画の策定。何を目標（長期、短期）に誰（支援担当、支援機関）がどこ（支援場所）でどのような支援（支援内容や方法）をいつまで行うかの支援計画書を作成し目標達成のための実践援助チームを編成します。支援計画は全教員や専門スタッフに周知し、校内の連携・協力体制をつくります。
④チームによる支援の実践。教育相談コーディネーターを中心に定期的なケース会議を開催します。援助チームの経過報告を常に行い目標達成の進捗状況を把握し共有します。支援の実施状況を簡潔な記録シートに記入します。
⑤支援目標の評価（達成度）。学期末や学年末に総括的評価を行い継続か終結かを検討します。継続なら再度アセスメントを行い支援計画を見直します。
⑥支援の終結。支援計画の目標が達成された場合は支援を終結し解散します。

（3）不登校の校内チーム支援と組織的対応システム例

　学校全体で進める不登校児童生徒のチーム支援試案を紹介しましょう。まず月3日休み始めの児童生徒の場合、学級担任を中心に初期対応（予防的カウンセリング）します。学級担任で抱え込まず、対象児の関係教員と情報交換を行います（略式のざっくばらんに話せるインフォーマルなチーム支援会議）。

　次に、月5日程度（週1日〜2日の欠席、連続1週間欠席）の児童生徒の場合には、正式にフォーマルな援助チームを立ち上げケース会議をします（学級担任、対象児と関係が深い教科担任、養護教諭、SCなど。第13章第4節参照）。その際、学級担任、教育相談コーディネーターが集約する形で情報の共有を行い、有効な支援方法も会議メンバーで共有し、具体的な支援を行っていきます。

　さらに継続的な欠席、または保健室・別室登校の児童生徒の定期的継続的ケース会議の場合、支援計画に基づき、援助チームで子供、保護者、学級担任を支えます。保護者には補佐役（学年主任、副担任、教育相談コーディネーターなど）も対応します。必要に応じてチームメンバーの増員を図ります。別室登校の児童生徒には

学校体制のなかで全教員が対応することが望ましい支援です。（**中村　正巳**）

〈引用・参考文献〉

石隈利紀　2000　不登校児や LD（学習障害）児のための援助チームに関する研究——小学校におけるスクールカウンセラーの効果的な活用をめざして——　安田生命社会事業団研究助成論文集　36　pp.18-28.

水野治久　2014　子どもと教師のための「チーム援助」の進め方　金子書房

水野治久・中林浩子・佐藤博子　2011　教師の被援助志向性、職場雰囲気が教師のチーム援助志向性に及ぼす影響　日本教育心理学会第53回総会発表論文集　北海道学校心理士会　北翔大学　504

文部科学省　2005　チーム学校としての学校の在り方と今後の改善方策について（答申）

文部科学省　2011　生徒指導提要　教育図書

文部科学省初等中等教育局長　2017　児童生徒の教育相談の充実について（通知）

西山久子・淵上克義・迫田裕子　2009　学校における教育相談活動の定着に影響を及ぼす諸要因の相互関連性に関する実証的研究　教育心理学研究　57　pp.99-110.

田村修一・石隈利紀　2001　指導・援助サービス上の悩みにおける中学校教師の被援助志向性に関する研究——バーンアウトとの関連に焦点をあてて——　教育心理学研究　49　pp.438-448.

山口裕幸　2008　チームワークの心理学——よりよい集団づくりをめざして——　サイエンス社

山口豊一　2012　中学校のマネジメント委員会に関する学校心理学的研究　風間書房

〈読者のための読書案内〉

＊中田正浩（編）『**教育原理事始め**』大学教育出版、2018年：教育の全般的なあり方についての基礎理論が平易な言葉で書かれています。第８章「教師の仕事」（中村正巳）は教育相談的に参考になります。

＊大友秀人・瀬尾尚隆・中村正巳（編）『**教育カウンセリングとイノベーション**』三恵社、2012年：第１部２「現代青少年のコミュニケーションの問題性とその解決法——教育カウンセリングを手がかりに」（中村正巳）は現代の複雑な人間関係の問題と自己肯定感の醸成という解決の糸口を提案しています。平易で読みやすい書物です。

＊谷川和昭・柳澤孝主（編）『**相談援助演習　第３版**』弘文堂、2018年：第２章の１「自他理解と自己覚知」（中村正巳）２「構成的グループエンカウンターを生かした自己理解」（中村正巳）や第２章の６「チームアプローチ」（上原正希）が参考になります。

14

スクールカウンセラー、
スクールソーシャルワーカーの役割

　現代の教育現場は、いじめ、不登校、暴力行為など児童生徒の抱える心の問題や、児童虐待、ひとり親家庭、子供の貧困などの児童生徒の置かれている環境の問題などきわめて憂慮すべき状況といえます。こうした児童生徒が抱える複雑多様化した問題の解決に向けて、学校の教育機能だけでは対応困難な事例が増加している現状です。

　そこで、スクールカウンセラーやスクールソーシャルワーカーなどの専門的な知識や経験を有する者を含めたチームとしての教育相談体制の充実を図ることが重要になります。本章では、『生徒指導提要』、文部科学省の「スクールカウンセラー等活用事業」、「スクールソーシャルワーカー活用事業」の記述を手がかりとして、スクールカウンセラーやスクールソーシャルワーカーの役割について明らかにします。

第1節 ┊ スクールカウンセラー配置の背景とその選考

　スクールカウンセラーが配置された背景には、どのような状況があったのでしょうか。また、どのような人がスクールカウンセラーになれるのでしょうか。

（1）スクールカウンセラー配置の背景

　1990年頃より、学校の課題は非行問題から、**不登校**の増加やいじめ問題など児童生徒の心のありようと関わるさまざまな問題が生じてきました。そこで、児童生徒の抱える悩みを受け止め、児童生徒の心に働きかけるカウンセリングなどの教育相談機能の充実が求められるようになりました。そのような状況下で、文部科学省は1995年度に、スクールカウンセラー活用調査研究委託事業を

開始しました。臨床心理士などをスクールカウンセラーとして全国154校に配置したのです。2001年度からはスクールカウンセラー活用事業補助として移行し、4,406校にスクールカウンセラーが配置されました。その後も拡大を続け、2013年度には、20,310校、2019年度までにスクールカウンセラーは全公立小中学校、27,500校に配置する目標を掲げています。

　スクールカウンセラー等活用事業は、不登校をはじめとする児童生徒の問題行動の未然防止、早期発見・早期対応のために、児童生徒の悩みや不安を受け止めて相談にあたり、関係機関と連携して必要な支援をするための「**心の専門家**」を配置する事業です。

（2）どのような人がスクールカウンセラーになれるのか

　スクールカウンセラーの選考はどのようになっているのでしょうか。文部科学省のスクールカウンセラー等活用事業実施要領（文部科学省，2013a）が、2018年4月1日に一部改正され、スクールカウンセラーの選考は表14-1のように示されています。**臨床心理士**や精神科医などのほか、あらたに**公認心理師**が加わりました。

表14-1　スクールカウンセラーの選考（文部科学省，2013a）

児童生徒の心理に関して高度に専門的な知識・経験を有する者。 次の各号のいずれかに該当する者から、実績も踏まえ、都道府県または指定都市が選考し、スクールカウンセラーとして認めた者とする。 　1．公認心理師 　2．公益財団法人日本臨床心理士資格認定協会の認定に係る臨床心理士 　3．精神科医 　4．児童生徒の心理に関して高度に専門的な知識および経験を有し、学校教育法第1条に規定する大学の学長、副学長、学部長、教授、准教授、講師（常時勤務をする者に限る）または助教の職にある者またはあった者 　5．都道府県または指定都市が上記の各者と同等以上の知識および経験を有すると認めた者

　スクールカウンセラーは、いじめ、暴力、不登校などの問題行動や発達の課題、家庭環境や親子関係の課題など、児童生徒が抱えるさまざまな問題を扱います。児童生徒、保護者、教職員に対し、心理的課題の解決に向けてカウンセ

リングやアセスメント（情報収集・見たて）、コンサルテーション（専門家による指導・助言を含めた検討）などを行う心理の専門性を有した者です。

第2節　スクールカウンセラーの職務と役割

（1）スクールカウンセラーの職務

『生徒指導提要』（文部科学省，2011）によれば、スクールカウンセラーの主な職務は、第1に「児童生徒へのアセスメント活動」、第2に「児童生徒や保護者へのカウンセリング活動」、第3に「学校内におけるチーム体制の支援」、第4に「保護者、教職員に対する支援・相談・情報提供」、第5に「関係機関などの紹介」、第6に「教職員などへの研修活動」の6項目を示しています。

（2）スクールカウンセラーの役割

スクールカウンセラーの役割については、第1に「児童生徒や保護者に対する援助」、第2に「教職員に対する援助」、第3に「外部機関との連携」の3つの枠組みが示されています（文部科学省，2011）。

①児童生徒や保護者に対する援助

a）児童生徒に対するカウンセリングとアセスメント

児童生徒に対する援助には、カウンセリングとアセスメントがあります。石隈（1999）は、**カウンセリング**（狭義）を「カウンセラーあるいはそれに準ずる専門家による問題解決の援助を目指した面接である」と定義しています。**アセスメント**については、「ある問題について、その基盤となる情報を収集し分析して意味づけし統合し、意志決定のための資料を提供するプロセス」と定義しています（石隈，1999）。

スクールカウンセラーは、不登校、いじめ、非行傾向などの児童生徒への問題について、児童生徒との面接や日常場面の行動観察、教職員からの情報、専門機関の診断や検査などの情報をもとに総合的にアセスメントすることが求められます。

教室に入りにくいなど心身に課題のある児童生徒について、スクールカウンセラーは養護教諭と情報の共有を行い、カウンセリングにつなげることも**役割**といえます。

b）保護者に対するカウンセリング

　スクールカウンセラーは、保護者に対するカウンセリングを行います。その際、スクールカウンセラーは保護者の不安や悩みに寄り添うとともに、児童生徒の発達や心理状態をどう理解していくかについて、わかりやすい言葉で保護者に伝えることが大切です。保護者は、スクールカウンセラーからの適切な助言を受けることで、子供に対する理解を深め、子供との関係や課題の改善につながることがあります。

②教職員に対する援助

a）校内会議などへの出席

　スクールカウンセラーは、校内の生徒指導部会議や教育相談会議に出席することがあります。スクールカウンセラーの臨床心理学的な視点が教職員の児童生徒理解の幅を広げ、問題行動の予防的効果を高めることにつながります。また、年間計画や研修企画について、スクールカウンセラーが助言を行うことにより、意義ある効果的な年間計画や研修の企画が期待できます。

　学校によっては教育相談体制が十分に整備されていない場合があります。改善した方がよい点があれば、スクールカウンセラーの立場から提案を行います。

b）研修会の開催

　研修の形式には、講演などによる情報伝達型、参加型・体験型のワーク形式、事例研究形式があります。講演でのテーマは、不登校の理解とその対応、思春期の子供の特徴と対応の留意点、仲間関係の適切な構築などがあげられます。参加型・体験型研修では、ロールプレイを用いた対話トレーニング、描画などの作業を用いた構成的エンカウンターグループなどがあります。事例研究形式では、不登校事例、生徒指導に関わる問題行動の事例、虐待が想定される事例などをテーマに検討します。

c）コンサルテーション

コンサルテーションとは、あるケースについて、その見方、取り扱い方、関わり方などを検討し、的確なコメント、アドバイスなどを行うことです。

コンサルテーションの具体例としては、不登校をどう理解し、どう対応するか、生徒指導上の問題行動に関する心理学的観点からの助言、発達上の課題に対する理解の仕方と対応などがあげられます。

d）カウンセリング

教職員へのカウンセリングでは、教職員自身のプライベートに関する相談、クラスや生徒に関する相談に大きく分かれます。教職員自身のプライベートに関する相談で留意しなければならないのは、学校組織や児童生徒を危機に導く危険性のある相談内容です。クラスや生徒に関する相談は、教職員自身の問題のなかで出てきているテーマなのか、それとも純粋に担当クラスや生徒の問題なのか区別しなければなりません。後者の場合は、コンサルテーションの枠組みで行われます。

スクールカウンセラーは、配置された学校に新任教員がいる場合、日頃から新任教員が相談しやすいような関係の構築を心がけることも大切です。

③外部機関との連携

スクールカウンセラーは、児童生徒の問題解決に向けて外部機関と連携し医療や福祉の専門家と一緒に、協力しながら児童生徒に対して支援を行います。連携を図る外部機関には、医療機関、児童福祉機関、児童相談所、警察などがあります。

たとえば、病気にかかった児童生徒を早い段階で医療機関に紹介することにより、スクールカウンセラーが医療機関とのつなぎ役になり、学校での援助や留意点について、貴重な助言を得られた例があります。スクールカウンセラーは、児童生徒が抱える問題に対し、教育相談を円滑に進めるための潤滑油となり、学校の教育相談体制に大きな役割を果たしているといえます。

第3節 ： スクールソーシャルワーカー導入の背景とその選考

　スクールソーシャルワーカーが導入された背景には、どのような状況があったのでしょうか。また、どのような人がスクールソーシャルワーカーになれるのでしょうか。

（1）スクールソーシャルワーカー導入の背景

　児童生徒の問題行動の背景には、児童生徒の心の問題とともに、家庭、友人関係、地域、学校など児童生徒の置かれている環境の問題があります。そういった複雑に絡みあった環境の問題はとくに学校だけでは問題の解決が困難なケースも多く、積極的に関係機関と連携した対応が求められています。

　そこで、児童生徒が置かれているさまざまな環境に働きかけ、学校内外の関係機関との連携を強化し、問題を抱える児童生徒の課題解決を図るためのコーディネーター的な存在が求められるようになりました。このような背景から、文部科学省は、2008年度にスクールソーシャルワーカー活用事業を展開し、全国141地域で944人のスクールソーシャルワーカーを配置しました。2013年度には、1,008人のスクールソーシャルワーカーが配置され、2019年度までにすべての中学校区に約1万人配置することを目標に掲げています。

（2）どんな人がスクールソーシャルワーカーになれるのか

　文部科学省のスクールソーシャルワーカー活用事業実施要領（文部科学省,2013b）によれば、**スクールソーシャルワーカー**の選考は、表14-2のように示されています。「**社会福祉士**や**精神保健福祉士**など福祉に関する専門的な資格を有する者から、実施主体が選考し、スクールソーシャルワーカーとして認めた者とする」としています。スクールソーシャルワーカーは、いじめ、不登校、暴力行為、**児童虐待**など生徒指導上の課題に対応するため、教育分野に関する知識に加えて、社会福祉等の専門的な知識・技術を用いて、児童生徒の置かれたさまざまな環境に働きかけて支援を行います。

表14-2　スクールソーシャルワーカーの選考（文部科学省，2013b より作成）

社会福祉士や精神保健福祉士などの福祉に関する専門的な資格を有する者から、実施主体が選考し、スクールソーシャルワーカーとして認めた者とする。
ただし、地域や学校の実情に応じて、福祉や教育の分野において、専門的な知識・技術を有する者、または活動経験の実績などがある者であって、次の職務内容を適切に遂行できる者のうちから、実施主体が選考し、スクールソーシャルワーカーとして認めた者も可とする。
1．問題を抱える児童生徒が置かれた環境への働きかけ
2．関係機関などとのネットワークの構築、連携・調整
3．学校内におけるチーム体制の構築、支援
4．保護者、教職員などに対する支援・相談・情報提供
5．教職員などへの研修活動

第4節　スクールソーシャルワーカーの職務と役割

（1）スクールソーシャルワーカーの職務

　スクールソーシャルワーカーは、社会福祉の専門的な知識、技術を活用し、問題を抱えた児童生徒を取り巻く環境に働きかけます。また家庭、学校、地域の関係機関をつなぎ、児童生徒の悩みや抱えている問題の解決に向けて支援する専門家といえます（文部科学省，2011）。

　スクールソーシャルワーカー活用事業実施要領（文部科学省，2013b）では、スクールソーシャルワーカーの職務内容として、第1に「問題を抱える児童生徒が置かれた環境への働きかけ」、第2に「関係機関とのネットワークの構築、連携・調整」、第3に「学校内におけるチーム体制の構築・支援」、第4に「保護者、教職員に対する支援・相談・情報提供」、第5に「教職員への研修活動」の5項目を示しています。誰を対象に働きかけるかを明確に示しているといえます。

（2）スクールソーシャルワーカーの役割

　スクールソーシャルワークのアプローチには、個人へのアプローチ、学校組織へのアプローチ、そして、自治体体制へのアプローチの3つがあります。これらのアプローチは、スクールソーシャルワークの機能であり、スクールソー

シャルワーカーの役割ともいえます。

　これらの考えに基づいて、スクールソーシャルワーカーの役割を整理すると、第1に「問題を抱える児童生徒が置かれた環境への働きかけ」、第2に「学校内におけるチーム支援体制の構築、支援」、第3に「関係機関とのネットワークの構築、連携・調整」が考えられます。

①問題を抱える児童生徒が置かれた環境への働きかけ

a）児童生徒・保護者への相談活動

　スクールソーシャルワーカーは児童生徒への面接や家庭訪問などを通して保護者の**相談活動**を行います。児童生徒、保護者の相談活動から得られた情報を収集し、必要に応じて教職員に情報提供を行うことがあります。また、保護者と教職員との関係を調整し、橋渡しをする役割も担っています。

b）アセスメントとプランニング

　児童生徒のさまざまな情報を整理統合し、アセスメント（見たて）や**プランニング**（手だて）をします。アセスメントとは、解決すべき問題や課題のある事例の家族や地域、関係者などの情報から、なぜそのような状態に至ったのかを探ることです。プランニングとは、アセスメントに基づいて、ケースに応じた目標と計画を立てることです。目標には、長期目標と短期目標があり、長期目標においては長期的な視点に立って、子供のより望ましい状況を設定します。

②学校内におけるチーム支援体制の構築、支援

a）ケース会議への参加

　スクールソーシャルワーカーは、事例検討会などのケース会議に参加します。ケース会議では、解決すべき問題のある事例について深く検討することによって、その状況の理解を深め、対応策を考えます。

b）研修会の開催

　スクールソーシャルワーカーは、校内支援体制の構築を目指し、学校現場での有用な支援方法やソーシャルワークに関する知識・技術について研修を行います。

c）コンサルテーション

　スクールソーシャルワーカーは、社会福祉などの専門的視点に基づく、具体的な支援に向けてのコンサルテーション（専門家による指導・助言を含めた検討）を行うことも大きな役割です。

③関係機関とのネットワークの構築、連携・調整

　スクールソーシャルワーカーが連携を図る関係機関には、児童相談所、福祉事務所、保健・医療機関、適応指導教室、警察などがあります。必要に応じて関係機関への訪問、電話による情報交換や打ちあわせを行います。児童生徒および家庭環境などに関する情報をもとに、関係機関と連携した学校支援体制の構築を目指す役割があります。

　スクールソーシャルワーカーは、「問題は人と環境の相互作用において生じる」という視点に立ち、子供にとってより良い生活環境や学校環境を調整することで、問題解決や子供の状況の改善、問題の軽減を図る役割を担っています。

（亀田　秀子）

〈引用・参考文献〉

石隈利紀　1999　学校心理学——教師・スクールカウンセラー・保護者のチームによる心理教育的援助サービス——　誠信書房

亀田秀子　2016　いじめ・不登校・虐待と向き合う支援と対応の実際　三恵社

文部科学省　2008　スクールソーシャルワーカー実践活動事例集　http://www.mext.go.jp/a_menu/shotou/seitoshidou/__icsFiles/afieldfile/2009/04/13/1246334_1.pdf

文部科学省　2011　生徒指導提要　教育図書

文部科学省　2013a　スクールカウンセラー等活用事業実施要領　http://www.mext.go.jp/a_menu/shotou/seitoshidou/1341500.htm

文部科学省　2013b　スクールソーシャルワーカー活用事業実施要領

http://www.mext.go.jp/a_menu/shotou/seitoshidou/__icsFiles/afieldfile/2013/10/21/1340480_05.pdf

山野則子・野田正人・半羽利美佳（編）　2016　よくわかるスクールソーシャルワーク［第2版］　ミネルヴァ書房

〈読者のための読書案内〉

*東京学校臨床心理研究会（編集）・村瀬嘉代子（監修）『学校が求めるスクールカウンセラー──アセスメントとコンサルテーションを中心に』遠見書房、2013年：「アセスメント」と「コンサルテーション」をキーワードに、学校が求めるカウンセラーの動きについて示されているスクールカウンセリングの実用書といえます。

*山野則子・野田正人・半羽利美佳（編集）『よくわかるスクールソーシャルワーク［第2版］』ミネルヴァ書房、2016年：学校における現代的課題やその背景にある子供を取り巻く環境を取り上げながら、現代の子供とその家庭が抱える諸問題について考察しています。最新のデータや法制度を反映しています。

*山下英三郎・内田宏明・牧野晶哲（編）『新スクールソーシャルワーク論──子どもを中心にすえた理論と実践』学苑社、2012年：具体的な実践事例に基づきながら、スクールソーシャルワーカーの役割と活動内容をわかりやすく紹介しています。

15

専門機関との連携

　　今日の児童生徒を巡るさまざまな問題は複雑化・多様化しており、学外の専門機関と連携を図ることは問題の解決や改善に向けた重要な選択肢のひとつです。だからといってやみくもに専門機関と連携をすれば良い、というわけではありません。問題を抱える個々の児童生徒の状況に応じて、専門機関との連携の必要性をアセスメントした上で、適切な専門機関と連携を図ることが大切です。そのために必要なことは、それぞれの専門機関の機能と役割を理解しておくことです。そして、可能なかぎり日頃から専門機関の専門家とコミュニケーションを図ることです。連携は、学校と専門機関という組織を通じて行われますが、その組織を構成しているのは人間です。緊急事態で慌てて連携先を探すのではなく、普段から専門機関と学校の、人と人のコミュニケーションが図れていることで、いざという時にスムーズな連携を図ることができるといえます。

第1節 ┊ 専門機関との連携の意味

　学校における日頃の教育相談活動では、児童生徒に関する問題の発生を未然に防ぐことや児童生徒の主体的な問題解決能力を育むことが実践されています。しかしながら、児童生徒が抱える諸問題は、教師という教育者の立場から指導援助することで解決や改善が図られる問題に限定されるわけではありません。学校内での対応だけでは難しい場合、学外の**専門機関**と連携して問題解決のために相互支援をすることが求められますが、ここで留意しておきたいのは、**連携**とは単に連携先の機関等にすべてをゆだねることではないということです。学校でできることと、できないことを見極め、学校ができない点を外部専門機関に援助してもらうことが連携のあり方です。文部科学省（2011）によれば、「連

携は、**コラボレーション**の考え方をもとに行うことが原則であり、コラボレーションとは、専門性や役割が異なる専門家が協働する相互作用の過程」とされています。より具体的にいえば、連携とは、互いに連絡を取りあい、協力して物事を行うことを意味します。一方、協働とは、共通の目的のために対等の立場で協力してともに働くことを意味します。つまり、学校に属する教師という教育の専門家と学校外の教育の専門家、心理の専門家、医療の専門家、福祉の専門家等が同じ目標に向かい、他職種ではありますが、同じ専門家として対等な立場で協力して児童生徒への指導援助にあたることが本当の意味での連携といえるでしょう。

🌱 第2節　教育領域の専門機関との連携

　教育領域の専門機関は、教育の場である学校としては身近なものです。それぞれの機関では、心理や福祉の専門職が配置されていますが、構成員のほとんどが教員免許を有する者です。前年度まで現役で教壇に立っていた教師が、教員人事により教育センターに配属される場合もあります。これら教育委員会所管の機関を以下に示します。

①教育センター

　教育センター（地域によって、教育相談所、教育相談室、教育相談センターと名称が異なる）は、管轄地域の複数の学校種を対象とした教育相談機関です。教育相談経験が豊富な教員免許所持者を筆頭に、心理の専門家である臨床心理士、福祉の専門家である精神保健福祉士などが配置されているほか、地域によってはスクールカウンセラースーパーバイザー（臨床心理士などの資格を有し、地域の学校に配属されているスクールカウンセラーへの助言指導や学校の緊急事案への助言指導、学校の教育相談体制に関する助言指導などを職務とする者）が配置されている場合もあります。主な利用者は、原則18歳までの児童生徒のほか、その家族からの相談や学校からの相談にも応じています。主な相談内容は、不登校、いじめ、情緒不安定、不適応、発達上の心配など個々の児童生徒の問題に関する相談や、管理職や教

育相談主任などからの教育相談体制に関する相談があげられます。また、地域によっては近年急増している発達障害に関する相談にも対応しています。原則、相談予約をして週に1回から月に1回程度の定期的な心理面接が実施されています。なお、地域の教育センターによっては、就学前幼児の吃音や構音障害を対象とした言語聴覚士による相談支援を行っています。

②教育支援センター（適応指導教室）

教育支援センター（適応指導教室）は、①の教育センター内に併設されている場合もあり、指導や支援にあたっている職員は、臨床心理士などの心理の専門家のほかに退職校長などの管理職経験者や退職教員など、長年、学校現場で児童生徒を指導援助してきた経験豊富な者が指導員として配置されています。対象は、地域の小・中学校が在籍校の不登校児童生徒です。主な活動は、指導員による学習支援や利用している児童生徒間の交流、体験活動など、月ごとの予定に沿って計画的に進められており、集団への適応や生活習慣の安定などを図りながら学校復帰を促しています。また、定期的に担任参観を行うなど、学校との連携が重視されています。利用している児童生徒は、月曜日から金曜日の週5日通って指導支援を受けるのが原則ですが、個々の状況によって通うペースを調整します。なお、指導援助を受けている児童生徒が一定の要件を満たしている場合には在籍校での指導要録上の「出席扱い」とすることができます。

③その他の教育領域の専門機関

その他の教育領域の専門機関としては、**特別支援教育相談センター、特別支援学校、通級指導教室、特別支援学級**などがあげられます。このうち、特別支援教育相談センターは、発達障害に代表される特別な配慮が必要な児童生徒を対象とした相談機関です。また特別支援学校は特別支援教育のセンター的役割としての機能を併せもっています。通級指導教室や特別支援学級は、普通学校のなかにあって校内外の児童生徒への特別支援教育を行っています。

【ケース1　不登校中学2年生Aさん】不登校の中学2年生のAさんとその母親は、担任による定期的な家庭訪問のなかで教育センターを紹介された。紹介の理由は、Aさんがほかの生徒のことが気になって、放課後の登校や保健室・相談室

登校など在籍校への登校が難しいことと、母親がＡさんとのかかわりに相当悩んでいて、専門的な立場からの助言を求めていたことによる。Ａさん母子から教育センターを利用したいという意思表示があったことから、担任はＡさん母子の承諾を得て、事前にＡさんに関する情報提供を教育センターに対して行った。

　顔見知りの生徒がいない教育センターへは通うことができたＡさんは、担当の相談員と信頼関係を築きながらしだいに打ちとけていった。また、母親も相談員と定期的に面接していくなかで、Ａさんへの関わり方のヒントや子育ての不安を受け止めてもらうことができた。担任と教育センター担当職員は、Ａさん母子からの承諾を得て、センターでの様子、これまでの学校での様子や家庭訪問での様子など情報の共有を図っていった。しだいにＡさんは学校復帰に意欲を示し、また苦手な対人関係や学習の遅れを補うため、併設されていた教育支援センター（適応指導教室）への入室を希望した。教育支援センターでは、指導員と担任、教育センター担当職員とが連携を図り、Ａさん支援の目標を共有し、支援計画を詳細に検討した。入室後のＡさんは、毎日朝から教育支援センターに通い、指導員からの励ましやほかの利用生徒との交流を深めながら在籍校への復帰を目標に取り組んでいった。担任参観で担任は「こんなに生き生きとしたＡさんを見るのは久しぶりでとても嬉しい」と感想を述べ、Ａさんの在籍校復帰に向けて母子と相談しながら復帰計画を練っていった。その後、Ａさんは教育支援センターを夏休み期間中であっても１日も休むことなく（教育支援センターは、学校が夏休みなどの長期休み期間であっても開室している）通い続け、２年生の３学期には、在籍校の相談室登校が可能になり、３年生の４月からは学級復帰を果たすことができた。

　教育領域の専門機関は、所管が教育委員会であることと、教員免許を有する者が配置されていることからも、学校教育の延長線上にある機関ととらえることができます。大切なことは、これら教育領域の専門機関を利用している児童生徒を担任しているという理由での連携にとどまらず、定期的に学校を訪問してもらい、児童生徒の様子などを観察してもらうなど、日頃から地域の教育センターをはじめとした教育領域の専門機関と積極的に連携を図ることです。

第3節　医療保健領域の専門機関との連携

　児童生徒の心や体の病気、またはその疑いがみられる場合の連携先としてあげられるのが医療保健領域の専門機関です。ここでは主に心の病気を抱える児童生徒に関する医療保健領域の専門機関との連携をみていきます。なお、ここでいう心の病気とは、統合失調症、双極性障害、器質性精神障害、依存症などが該当します。また、不安が強いなどの精神的な不安定さ、睡眠障害、自殺の危険がある場合も該当します。連携先として①精神科病院（総合病院を含む）、②精神科診療所（精神科クリニック）、③心療内科、④精神保健福祉センター、⑤保健センターがあげられます。

　①の**精神科病院**は、20床以上の病床を備えた病院で、さまざまな精神疾患の治療を行います。②の**精神科診療所**は、入院施設がないか、または19床以下の病床を備えたクリニックです。③の**心療内科**も心の問題を扱う診療科ですが、主に身体的疾患の診断と治療を専門としながら、心の問題に対応していくのが特徴です。これらの専門機関は、精神科医または心療内科医などの医師、看護師、ソーシャルワーカー（精神保健福祉士）、臨床心理士などで構成されています。④の**精神保健福祉センター**は、精神障害者の福祉の増進を図るため、また地域の人々の心の健康の保持・向上のための機関で、各都道府県に設置されています。⑤の**保健センター**は、地域住民の健康相談や健康づくりのため各市町村に設置されています。

　【ケース2　統合失調症】中学校3年生のBさんは、「誰かがいつも私の悪口を言っている」、「ずっと私は監視されている」と担任に相談した。担任は当初、悪質ないじめを疑い、具体的に誰が悪口などを言っているのか確認するもののBさんの返答は要領を得なかった。友人関係などを注意深く観察したものの、Bさんを悪く言っている生徒はおらず、他の教員からもBさんを取り巻く人間関係にいじめはみられないとのことだった。

　最近は、髪がボサボサのまま登校するなど、身だしなみが無頓着になり、学習

意欲に乏しく、以前のＢさんからは想像がつかない様子がみられるようになった。また、ある日の面接中に、Ｂさんは突然「この部屋の天井のあの隙間、あそこからカメラで監視していますよね」と発言し、担任を驚かせた。Ｂさんの奇妙な言動について教育相談部会で報告したところ、同席していたスクールカウンセラー（以下、SC）から精神科の受診を提案された。後日、Ｂさんの両親に来校してもらい、担任とSCからＢさんの様子について報告したところ、実は最近、家でも奇妙な言動が目立っているとのことで、医療機関を受診する運びとなった。受診予定先へは、本校を担当するスクールソーシャルワーカー経由で事前に情報提供を行い、受診した結果は、統合失調症の疑いとのことだった。奇妙な言動と精神的な不安定さが目立っていたこともあり、しばらく入院して治療を行うことになったが、医師による薬物療法と面接を継続していくなかでしだいに落ち着きを取り戻していった。担任と教育相談主任は、定期的に病院を訪れて教材を届けたり、学級の様子を伝えたりしていったところ、Ｂさんは「早く元気になって友だちに会いたい」と述べた。

医療保健領域の専門機関との連携にあたって教師は、心の病気が疑われる児童生徒の様子をスクールカウンセラーやスクールソーシャルワーカーなどに相談して助言を得ることが大切です。また、可能なかぎり直接、そのような児童生徒を観察・面接してもらい、アセスメントをしてもらうことが有益です。その上で、医療保健領域の専門機関等の情報提供を受け、学校としてできることを探ります。

🌱 第4節 ：福祉領域の専門機関との連携

　児童生徒の家庭の問題、たとえば、貧困などによる生活の困窮、虐待などの不適切な養育環境が疑われる児童生徒を援助するのが福祉領域の専門機関です。とくに虐待に関しては、児童虐待防止法で示されているように、児童虐待を受けたと思われる児童を発見した者は、すみやかに、福祉事務所または児童相談所に通告しなければなりません（**通告義務**）。その際、教師１人で対応するので

はなく、校内委員会で役割分担しながら組織として対応することが求められます。また、教師は目前の児童生徒への指導援助をきめ細やかに行うだけではなく、その家庭の要因にも十分目を向けておく必要があります。なお、「児童」とは、学校教育法では初等教育を受けている者を示しますが、福祉領域における「児童」とは、18歳未満の者を示します。主な福祉領域の専門機関は、以下の通りです。

①児童相談所

児童相談所は、児童福祉法に基づいてすべての都道府県および政令指定都市に1ヵ所以上の設置義務があります。児童福祉司、児童心理司、医師、弁護士、一時保護所職員が18歳未満の子供に関する養護相談、障害相談、非行相談、保健相談、育成相談といったさまざまな相談に対応します。また、相談に応じて子供や家庭について必要な心理判定や調査を実施し指導を行います。また、児童の安全確保と調査を目的に、一定期間児童を保護できる一時保護機能を備えており、一時保護所が併設されているところが多くあります。

②児童養護施設

児童養護施設は、保護者のない児童、虐待されている児童その他環境上養護を要する3歳から18歳までの児童を対象とした入所施設です。

③児童自立支援施設

児童自立支援施設は、不良行為や、そのおそれのある児童、また家庭環境その他の環境上の理由により生活指導などを要する児童に対して、入所や通所をさせて個々の児童の状況に応じた自立支援を行います。

④児童心理治療施設

児童心理治療施設は、家庭環境、学校における交友関係その他の環境上の理由により社会生活への適応が困難となった児童を、短期間入所させ、または保護者のもとから通わせて、社会生活に適応するために必要な心理に関する治療および生活指導を主として行い、あわせて退所した者について相談その他の援助を行うことを目的としています。

⑤その他の福祉領域の専門機関

　その他の福祉領域の専門機関としては、福祉事務所、児童家庭支援センターなどがあげられます。また、子供を守る地域のネットワークとして、市町村の関係機関で構成される**要保護児童対策地域協議会**（要対協）があります。さらに民生委員・児童委員、主任児童委員などは、学校と密に連携を図っており、地域住民の保護・保健・福祉に関する指導や援助を行っています。

　【ケース３　虐待の中学１年生Ｃさん】中学１年生のＣさん。Ｃさんが幼い頃に母親が離婚してから母子家庭であったが、Ｃさんが小学校高学年になると、母親の交際相手が同居するようになった。明るい性格で友人関係に恵まれていたＣさんであったが、ここ数日は気分が悪いと言っては保健室で過ごすことが多くなっていた。ある日、保健室にてＣさんは、「自分は汚れている」「友だちと関わると私の汚れが伝染しちゃう」と涙ながらに訴えたので、養護教諭が詳しく話を聴いたところ、中学生になってから、母親の交際相手から毎晩のように身体を触わられたり、入浴前後を覗き見られたりするということだった。母親もこの事実を知っているようだが、交際相手には逆らえないようで黙認しているとのことだった。事態を重く見た養護教諭は、Ｃさんの同意を得て管理職と担任に報告した。管理職は教育委員会と協議した後、速やかに児童相談所に通告した。児童相談所からはただちに職員が派遣され、Ｃさんと面接を行った。次いで家庭訪問を行い、在宅中であった母親から事情を聴いたところ、事実を認めた。Ｃさんの「怖くて家には帰りたくない」という訴えもあり、その後一時保護となった。

　虐待は、それが事実かどうか不明確な場合であっても、学校には通告の義務が課せられています。しかし実際は「通告することで保護者との関係が悪くなるのではないか」、「実際は虐待ではないのかもしれない」と通告への迷いが生じることが少なくありません。そこで教師が自覚しておきたいのは、虐待かどうかを判断するのは通告を受けた側（児童相談所など）であり、教師は児童虐待防止法に則り、虐待を早期に発見し、児童生徒の安全の確保と心のケアを最優先に考えるべきであるということです。校内において協議し、組織としてため

らうことなく通告して連携を図る校内体制を整備しておくことが重要です。

第5節 その他の領域の専門機関との連携

　その他の領域として、刑事司法関係機関があげられます（表15-1）。**警察、少年サポートセンター、家庭裁判所、少年鑑別所、保護観察所、少年院**など、それぞれの機関の役割を理解した上で適切に連携を図ることが大切です。

表15-1　主な刑事司法関係機関（文部科学省2011より作成）

警察	非行少年の補導・保護・検挙・捜査・少年相談の受理を行う。
少年サポートセンター	警察の設置するセンターであり、子供の非行、問題行動、しつけ、犯罪被害に関する相談を行う。
家庭裁判所	非行少年についての調査、審判を行うほか、親権や療育等の親子関係に関する家事調停や審判も行う。
少年鑑別所	法務省の施設であり、観護措置決定を受けた少年の収容、資質鑑別を行う。
保護観察所	法務省の機関であり、保護観察処分を受けた少年、少年院を仮退院した少年等に対し、社会内で指導・助言を行う。
少年院	法務省の施設であり、少年院送致となった少年を収容し、矯正教育を実施する。

　また近年は、不登校や発達障害の支援を行う民間施設やNPOも学校との連携先の機関としてあげられることが多くなってきました。とくに、不登校支援に関しては、2016年12月に成立し、2017年2月に完全施行された「義務教育の段階における普通教育に相当する教育の機会の確保等に関する法律」（教育機会確保法）により、学校以外の学びの場として、公的機関である教育センターのほか、民間団体（たとえばフリースクール）等との密接な連携が基本理念としてあげられています。日頃から積極的に情報交換や連携に努めることで支援の幅が広がります。

第6節 より良い連携を図るために

　これまでみてきたように、児童生徒が抱える問題は多岐に及んでいます。そ

れぞれの問題に対して、適切な連携先をアセスメントすることが重要であると同時に、それぞれの連携先の機能と役割を十分理解しておくことが肝要です。

　また、専門機関との連携の必要性を教師が感じていても、対象となる児童生徒や家庭とのコミュニケーションが不十分で、連携の意図が正確に伝わらないと、「一方的に押しつけられた」、「学校から見放された」と受けとられてしまうおそれがあります。教師は、児童生徒とその家族のニーズを十分把握し、児童生徒とその家族のための連携であることを適切に伝達した上で、児童生徒とその家族を尊重する姿勢を常に忘れないようにしましょう。

（水國　照充）

〈引用・参考文献〉

福島哲夫（編）2018　公認心理師必携テキスト　学研プラス

市川須美子ほか（編）　2018　教育小六法　平成30年版　学陽書房

小林正幸（編）　2016　図解でマスター！実践学校カウンセリング2016　教技総合増刊　小学館

文部科学省　2011　生徒指導提要　教育図書

〈読者のための読書案内〉

＊文部科学省『生徒指導提要』教育図書、2011年：教育相談に関する基本的事項が網羅された、教育相談を学び実践する人のための必携書です。

＊青木智子（編）『医療と健康のための心理学』北樹出版、2018年：医療保健、福祉分野に関する事例と心理学的なアプローチを紹介しています。

＊水國照充・青木智子・木附千晶（編）『楽しく学んで実践できる対人コミュニケーションの心理学』北樹出版、2018年：連携の鍵はコミュニケーション能力です。本書では、実践的にコミュニケーション・スキルが学べるように構成されています。

事 項 索 引

人 名 索 引

————————— ＊ **執筆者紹介**（執筆順）＊ —————————

会沢　信彦（あいざわ　のぶひこ）（編者、第 1 章）文教大学教育学部　教授

日潟　淳子（ひがた　あつこ）（第 2 章）大阪大谷大学教育学部　教授

桑原　千明（くわばら　ちあき）（第 3 章）文教大学教育学部　准教授

佐藤　哲康（さとうてつやす）（第 4 章）川村学園女子大学文学部　教授

大島　朗生（おおしま　あきお）（第 5 章）東京福祉大学心理学部　准教授

馬場　康宏（ばば　やすひろ）（第 6 章）東京成徳短期大学幼児教育科　教授

梅津　直子（うめづ　なおこ）（第 7 章）文教大学教育学部・十文字学園女子大学教育人文学部　非常勤講師

遠山久美子（とおやま　くみこ）（第 8 章）名古屋学芸大学ヒューマンケア学部　教授

田中　將之（たなか　まさゆき）（第 9 章）清和大学法学部　教授

岩瀧　大樹（いわたき　だいじゅ）（第10章）立教大学文学部　教授

小林　麻子（こばやし　あさこ）（第11章）横浜美術大学美術学部　非常勤講師

原田友毛子（はらだ　ともこ）（第12章）山村学園短期大学・川越看護専門学校　非常勤講師

中村　正巳（なかむら　まさみ）（第13章）元北海道情報大学経営情報学部　教授

亀田　秀子（かめだ　ひでこ）（第14章）十文字学園女子大学人間生活学部・東京家政大学人文学部　非常勤講師

水國　照充（みずくに　てるみつ）（第15章）平成国際大学スポーツ健康学部　教授

編者紹介

会沢　信彦（あいざわ　のぶひこ）　文教大学教育学部教授・
　　　　　　　　　　　　　　　　　教育専攻科長

1965（昭和40）年、茨城県水戸市生まれ。
筑波大学第一学群人文学類卒業、筑波大学大学院教育研究科修士課
程修了、立正大学大学院博士課程満期退学。
函館大学専任講師を経て、現職。明治大学兼任講師。
（一社）日本スクールカウンセリング推進協議会理事、NPO法人日
本教育カウンセラー協会理事、日本学校心理士会常任幹事・埼玉支
部長、日本生徒指導学会関東支部会代表、埼玉県ガイダンスカウン
セラー会副会長・事務局長。
編著書に、『生徒指導・進路指導の理論と方法』（北樹出版）、『教
師・保育者のためのカウンセリングの理論と方法』（北樹出版）、『不
登校の予防と対応』（図書文化社）など。

教育相談の理論と方法──コアカリキュラム対応

2019年4月20日　初版第1刷発行
2024年4月10日　初版第5刷発行

編著者　会沢　信彦

発行者　木村　慎也

カバーデザイン／北樹出版装幀室　　印刷　新灯印刷／製本　和光堂

発行所　株式会社　北樹出版

〒153-0061　東京都目黒区中目黒1-2-6
URL : http://www.hokuju.jp
電話(03)3715-1525(代表)　FAX(03)5720-1488